Gustavo Velasquez da Veiga

ESPÍRITO ORGANIZACIONAL

Copyright© 2021 by Literare Books International
Todos os direitos desta edição são reservados à Literare Books International.

Presidente:
Mauricio Sita

Vice-presidente:
Alessandra Ksenhuck

Capa, diagramação e projeto gráfico:
Gabriel Uchima

Revisão:
Rodrigo Rainho

Diretora de projetos:
Gleide Santos

Diretora executiva:
Julyana Rosa

Relacionamento com o cliente:
Claudia Pires

Impressão:
Impressul

Dados Internacionais de Catalogação na Publicação (CIP)
(eDOC BRASIL, Belo Horizonte/MG)

Veiga, Gustavo Velasquez da.
V426e   Espírito organizacional / Gustavo Velasquez da Veiga.
– São Paulo, SP: Literare Books International, 2021.
240 p. : il. ; 16 x 23 cm

ISBN 978-65-5922-072-4

1. Literatura de não-ficção. 2. Comportamento organizacional.
3. Eficiência organizacional. I. Título.

CDD 658.4

Elaborado por Maurício Amormino Júnior – CRB6/2422

Literare Books International
Rua Antônio Augusto Covello, 472 – Vila Mariana – São Paulo, SP.
CEP 01550-060
www.literarebooks.com.br
literare@literarebooks.com.br
+55 (0**11) 2659-0968

ESPÍRITO ORGANIZACIONAL

PREFÁCIO

O universo é um sistema. Nele paira uma profunda conexão entre todos os seus elementos, ainda ocultos aos olhos míopes da humanidade. As partes do grande complexo universal, por sua vez, representam outros sistemas, com seus componentes interconectados entre si, e assim sucessivamente até o nível micro. Integradas à grande matéria e energia se encontram as organizações, e nelas, existências absolutamente integradas, buscando retroalimentar uma experiência de elevação e contemplação. Organizações e existências, complexos que transitam de mãos dadas em sintonia ou dessintonia em uma dinâmica de busca constante, sendo assim, sistemas que fluem como ondas no movimento de criatividade e desenvolvimento – introdução – crescimento – maturidade – declínio ou sustentabilidade – mutação, os sete poderes da transformação. Alguns em crescimento insustentável transitam para a crise; outros concebem o desenvolvimento e transitam à maturidade. Sistemas maduros não se encontram em posição estática, mas sim dinâmica. Deparam-se com a mesma encruzilhada. Entre a inércia dos vícios, o caminho do declínio, uma zona, sim, composta pela dor, e sobretudo pela magia de oportunizar uma transformação e reciclagem que alocam os sistemas em patamares mais elevados. Entre virtudes, forjam ou se adaptam às evoluções e revoluções rumo à esossustentabilidade e à exossustentabilidade. Organizações, entidades de carne, osso, mente e espírito, constituídas de personalidades, de consciências e de energia vital.

6 | ESPÍRITO ORGANIZACIONAL

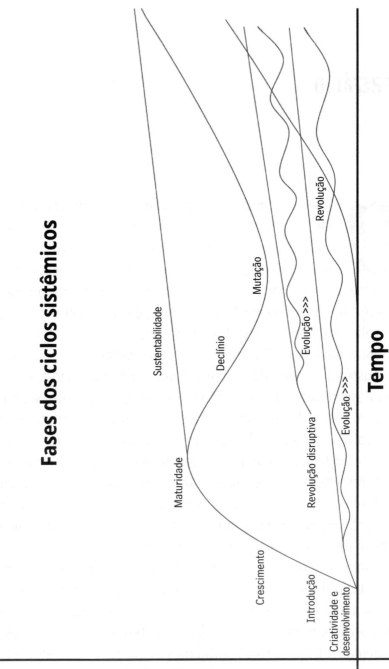

Tornar conscientes as determinantes e condicionantes que movimentam esse ciclo representa o grande estado de liberdade e a capacidade de direcionar a existência ao rumo da essência genuína, e a capacidade de transcender a inércia dos vícios que sabotam os indivíduos, estado pelo qual esses passam a reduzir o entorno. Qualquer organização, setor ou existência se encontra posicionado em alguma das sete fases do ciclo sistêmico. O desenvolvimento da consciência permite nos dissociar dessa onda e observá-la em perspectiva, posição na qual se obtém o estado de autenticidade e identificação com a própria essência individual, e logo universal, sobrepondo o ego. Crescer está longe de ser o fim. Crescer às custas de quais impactos humanos e ambientais? No mundo das aparências, a identificação com a forma aprisiona uma legião de indivíduos no estado civilizacional da busca por aceitação ante julgamentos alheios, tampouco distorcidos e impuros que, em última análise, distancia as pessoas da identificação consigo mesmas, gerando um coletivo reativo e dissociado.

Um novo ciclo de harmonia e desenvolvimento se faz possível em uma nova era cultural, à medida que os seres sobrepõem esse estado civilizacional e buscam identificar-se com os significados e com a essência universal, assim atingindo a plenitude espiritual, a fronteira mais elevada da experiência humana que potencialmente aloca as organizações em um nível de sustentabilidade sem precedentes. Cultura, liderança e geração de valor contemplam os três elementos-chaves que determinam a transição desse processo evolutivo, que conduzem à sustentabilidade ou transformação. Nesse sentido, a obra flui como uma espiral que se expande no sentido de uma nova consciência, onde o universo e as organizações evoluem de personagens para caráteres e essências, à imagem e semelhança de seus indivíduos.

Estamos evoluindo enquanto humanidade? Há uma grande confusão ao se atribuir um encaminhamento positivo dessa questão quando reduzida à dimensão tecnológica. A cultura vigente vem fragmentando os homens, uma vez que um forte culto ao mundo material e tecnicista nos faz abdicar da mente e do espírito, sem os quais não se formam seres inteiros. Essa completude e equilíbrio se fazem necessários para reverter a humanidade a um novo ciclo de harmonia e sustentabilidade. Mais do que em tempo, a ascensão de uma nova cultura depende do poder da edificação de uma nova consciência coletiva, como uma árvore a ser semeada, regada, ramificada e contemplada para que a identificação com a tecnocracia e a forma seja abordada de maneira íntegra e equilibrada com a dos seres consigo e entre si, seu empoderamento original, e com uma visão integrada da realidade.

Desse modo, a espiral da evolução deveras se desenvolve em completude via seres doadores de alta frequência existencial e energia vital. Por evidente, desse modo brindamos o estado de liberdade e a felicidade genuína. Cultura, liderança e geração de valor, as bases integradas para o desenvolvimento organizacional perene e com impactos positivos, seja da janela para dentro, seja para fora. Organizações e existências são amplas, sistêmicas e multidimensionais. Queremos mais. Todos somos agentes da evolução, da revolução, dos sete poderes da transformação.

SUMÁRIO

1. CRIATIVIDADE E DESENVOLVIMENTO: A LUZ E O FOGO DO SOL 11

1.1. O INTRÉPIDO CRIATIVO 13

1.2. EVOLUÇÃO OU REVOLUÇÃO 21

1.3. O MARKETING QUE O CONHECE MAIS DO QUE CONHECE-TE A TI MESMO 25

1.4. POSICIONAMENTO ÍNTEGRO 29

2. INTRODUÇÃO: A TEIA DOURADA 33

2.1. ENTREMEANDO O PÚBLICO-ALVO 35

2.2 ENCANTO PROMOCIONAL – DISSOCIANDO O SER PRESENTE E O DESEJADO 43

3. CRESCIMENTO: AO FOGO, À ÁGUA, AO EQUILÍBRIO, QUE ASSIM SEJA! 47

3.1. ANTESSALA 49

3.2. LIDERANÇA POSITIVA 51

3.3. MOTIVAÇÃO CINÉTICA – O UNIVERSO SEM LIMITES 67

3.4. COMUNICAÇÃO PURIFICADA – BOCA LEVA A ROMA; TODOS OS SENTIDOS LEVAM AO PARAÍSO 81

3.5. HIGIENE MENTAL – VIDA QUE SE RENOVA A TODO INSTANTE 99

3.6. PROCESSOS ESTRATÉGICOS – A BÚSSOLA E OS HOLOFOTES PARA PAVIMENTAR O FUTURO 113

3.7. VENDAS – OS CLIENTES QUE ME CONVIDAM PARA O JANTAR 133

3.8. GERAÇÃO DE VALOR – QUANTO VALE UM COPO DE ÁGUA? 149

3.9. GLOBALIZAÇÃO – O TRIUNFO DA CONSUMOLATRIA 157

4. MATURIDADE: DAS APARÊNCIAS À ESSÊNCIA.............................161

5. SUSTENTABILIDADE: A ESSÊNCIA CONSTANTE.............................171

6. DECLÍNIO: ANCORADOS NAS APARÊNCIAS, OSCILANDO COMO O VENTO.............................185

6.1. ANTESSALA 187

6.2. DISTÚRBIOS DO EGO – VIRTUDES SÃO PRÁTICAS, NÃO TEORIAS 191

6.3. COMUNICAÇÃO MARGINAL – A GAIOLA PRATEADA DO EGOCENTRISMO............................197

6.4. O SABOR AGRIDOCE DA CAVERNA 203

6.5. A IGNORÂNCIA DO PODER – O DIVINO DIREITO DOS REIS 207

6.6. AFINAL, POR QUE CAEM GRANDES IMPÉRIOS? 215

7. MUTAÇÃO: DEPOIS DA TEMPESTADE, O CIO DA TERRA.............................221

7.1. NAS PROFUNDEZAS DO OCEANO DA EXISTÊNCIA 223

7.2. O SORRISO DO DRAGÃO 235

1
CRIATIVIDADE E DESENVOLVIMENTO: A LUZ E O FOGO DO SOL

1.1. O INTRÉPIDO CRIATIVO

Muitas crenças se divagam acerca da origem do universo, se regida por poderes naturais ou sobrenaturais. Improvável, um grande mistério, uma grande beleza que instiga o mais profundo imaginário e sentido da existência. Qual que seja o poder da criação, maior ainda seu poder criativo. A partir de nós humanos, o que deveras existe representa a força da transformação: da realidade, da matéria, da forma, potencialmente vislumbrando o aumento do nosso bem-estar. Nem sempre é bem assim. Concebeu-se a forma original, seja por meio de um ser onipotente ou não; o fato é que ela se encontra em constante movimento de mudança, e esta dinâmica está sob gestão do homem. Se houve um grande poder da criação, ele não foi apenas o criador, mas também o criativo, pois nos concedeu o empoderamento para transformar pelo livre-arbítrio original. Nada tão permanente quanto a mudança. O poder da criação nos brindou a liberdade, logo, a responsabilidade que grande parte dos indivíduos a nega, apoiando-se em dogmas e crenças distorcidas que devolvem ao criador a capitania de suas vidas. Nesse estado, o que ocorre, o que somos, é fantasiosamente atribuído ao desejo de uma entidade, transformando a liberdade original em reatividade frente ao poder da criação. Ser livre é uma dádiva, porém, pela distorção do conceito dogmático e a capacidade humana limitada para ser independente e interdependente, logo, autônomo e responsável, esse dom se converte em angústia para muitos. Está na hora de desfrutarmos do maior presente que a existência nos possibilita: a emancipação. Para tal, devemos buscar o desenvolvimento da consciência e, logo, da autenticidade.

O que a cultura nos impõe, em termos de crenças, padrões, julgamentos e moral, muitas vezes contrasta com as necessidades genuínas do nosso ser,

14 | ESPÍRITO ORGANIZACIONAL

e um certo nível de subversão à cultura se faz necessário para termos energia vital. O excesso de subversão se chama rebeldia; de acatamento, se considera submissão. Ambos causam um tremendo mal-estar e desidentificação com a vida, muito embora a rebeldia possua seus precedentes quando se faz necessária a ação para que indivíduos e grupos em condição de opressão conquistem um estado de maior liberdade. Submissão e rebeldia constituem dois polos nos quais a virtude se encontra em seu ponto de equilíbrio, a autenticidade.

Ela é a mãe da energia prana em nosso espírito. Dessa forma, conseguimos evoluir com o propósito de aumentar nosso bem-estar na vida e contribuir em nosso meio como doadores de alta frequência.

Desconstruir e realizar a engenharia reversa da cultura significa subverter a neoinquisição, ou seja, os julgamentos moralizadores que nos enquadram no convencional, e inibem a autenticidade, que precede a criatividade. Transcender a neoinquisição é construir a neolibertação, fortalecendo uma nova era onde os homens são autônomos e responsáveis, agentes da transformação cultural do universo. Acima de tudo, transcender a motivação soberana do intrépido criativo se trata de um quesito existencialista, da consciência de nossa finitude, que projeta a vida a um estado de plena coragem para realizar o que realmente queremos, sob plena autenticidade e impermeabilidade aos condicionamentos e julgamentos culturais limitantes.

O processo e a virtude da criatividade delimitam as fronteiras entre o possível e o impossível. Não basta apenas se gerar ideias e protótipos, elas devem ser aplicáveis, úteis e viáveis. O limite do impossível se demarca por carência de *expertise* nos agentes responsáveis por desenvolver a execução das ideias, ou por de fato tal execução se dispor além dos limites técnico--científicos, ambientais ou econômicos correntes. Sob essa ótica, soluções de simples implementação possuem menor nível de dependência de *expertise* para serem postas em prática, sendo esse o motivo pelo qual é de suma relevância uma organização conceder voz ativa para ideias e soluções a todas as suas camadas, bem como o diálogo e proximidade das lideranças com elas. Outrossim, ideias que demandam maior complexidade em concepção e aplicação exigem proporcionalmente maior nível de *expertise* dos agentes para sua materialização. Geralmente se encontram em um âmbito técnico ou estratégico mais elevado, demandando a combinação das competências criativo-estratégicas ou criativo-tecnicistas. Por exemplo, podemos ter uma ideia brilhante de um automóvel que anda sozinho, sem a necessidade de motorista; ou de um *drone* que acoplamos em nosso corpo, assim nos permitindo voar longas distâncias; ou até mesmo construir um refúgio em Marte. Entretanto, alguém já se encontra apto a colocar em prática? Nesse sentido, a criatividade consiste na motriz humana de capacidade de superação dos limites em prol do maior bem-estar e melhores experiências aos indivíduos.

Podemos afirmar que criatividade sim é um talento. Mas também é uma habilidade, portanto, todos os indivíduos possuem alto potencial a apresentar novas ideias, soluções e abordagens, simplesmente pelo dom da imaginação inerente a todos os seres humanos. Somos cercados no dia a dia de produtos, serviços e processos que funcionam mal, ou menos que a plenitude, portanto, vivemos em um terreno fértil de oportunidades para melhorar o que nos circunda, logo, nosso bem-estar individual e coletivo. Inovação não se restringe ao ineditismo, criar algo que não há, mas também consiste na capacidade de se melhorar aquilo que já existe.

A oportunidade e o espaço para inovar se encontram em praticamente tudo que fazemos, sendo que a inovação pode ocorrer de duas formas: inovação esotérica ou exotérica. Inovação esotérica se refere à melhoria de processos voltados ao interno da organização, geralmente com limitado nível de impacto direto na competitividade e no público externo. Inovação exotérica vem a ser aqueles fatores que possuem impacto direto ao público externo da organização, ao que se visa geralmente os clientes, sendo que as dimensões para esse tipo de transformação podem estar em produtos, serviços, custos, acesso a mercado, comunicação, promoção e conveniência, sendo assim, com alto potencial de impacto competitivo e exposição, logo, demandantes de maior nível de ousadia. O empoderamento do potencial criativo individual visa gerar impactos positivos seja em projeção local ou global, porém, para atingir tal escala, se fazem necessários esforços e mobilização coletiva, em que a possibilidade de elevação de tais ações dependem da capacidade de ativismo das lideranças.

A cultura do "faça você mesmo", tipicamente norte-americana, representa

16 | ESPÍRITO ORGANIZACIONAL

uma forte origem da confiança inventiva. No século XVIII, os Estados Unidos se viam diante de uma polaridade político-ideológica: os conservadores aristocratas do Sul e os progressistas industrialistas e comerciantes do Norte. Após o fim da guerra civil, com a vitória nórdica, o então presidente Abraham Lincoln revolveu a divisão e fomento aos meios de produção à população gerando uma explosão no empreendedorismo, com a população desenvolvendo com suas próprias mãos e mentes a excelência na manufatura, infraestrutura e capacidade mercantil. A vitória progressista e da cultura de autonomia e proatividade do povo garantiu o destino dos Estados Unidos como a maior economia do mundo e grande influenciador cultural do ocidente, o sonho americano um dia foi concebido por diversos indivíduos visionários e revolucionários. Essa cognição invoca os atores a não serem espectadores passivos, identificados com a posição de vitimismo, mas sim a viver com voz ativa e responsabilidade.

O estado constante de questionamento e desafio ao *status quo* leva ao ímpeto da criação sempre centrada no elemento humano por meio da busca de profunda empatia, que consiste em compreender por que as pessoas fazem o que fazem, pelo qual necessitamos desmontar nossas verdades preconcebidas. Como seria bom poder de fato vestir os sapatos do cliente, mas o melhor que podemos fazer é conseguir acompanhá-lo até dentro da sua cozinha para conhecê-lo com maior profundidade. Portanto, empatia é um dos fatores-chaves na gestão da criatividade. Os outros elementos-chaves são: idealização e experimentação, explorar novas possibilidades; viabilidade, ou seja, fazer sentido; e a implementação. A cultura da originalidade envolve senso de humor, pois alegria é estado de poder; minimizar hierarquias, pois, se todos possuem pleno potencial de gerar soluções e ideias, restringir isso somente ao topo do organograma não faz sentido; desenvolvimento da confiança e energia mútua em equipes que devem contar com a riqueza da diversidade abdicando de julgamentos tóxicos.

Palavras mágicas, as que transformam, misturam dois ingredientes: humor e confiança criativa.

— Me conte de sua experiência!

— "Eu era caçador de mamutes!"

— Mas mamutes não existem mais!

— "Pois é..."

— Contratado!

Ao certo de que o ponto crucial para a fluência e pujança do intrépido criativo consiste na construção de um ambiente de segurança psicológica aos indivíduos. Se a angústia e insegurança do homem primitivo estava na sobrevivência enquanto presa dentro da cadeia alimentar, hoje ela se encontra no receio frente ao espelho cultural, ávido a realizar julgamentos. Nossa segurança busca o sentimento de pertencimento e aprovação frente aos grupos que convivemos. O pleno potencial humano se encontra no estado onde a sensação de medo e ameaça dissipa a menor quantidade de energia possível, restando o nosso foco somente aos propósitos genuínos. Em estado infante, somos inibidos de nos expressar. Na atmosfera de segurança psicológica paira a liberdade, onde se ausenta o receio de ser julgado e até mesmo humilhado ao expressar ideias novas e diferentes. Ademais, no grupo, uma sensação de confiança de que os demais membros não possuem intensões perversas conosco, como serpentes prontificadas a um bote sabotador diante das nossas naturais e inerentes vulnerabilidades; e, por fim, um objetivo e visão clara compartilhada. Qualquer manifestação de impureza que minimiza a segurança psicológica deve ser identificada e intervinda. Desse modo, o estado de *flow* converge com a felicidade proveniente de interações de alta qualidade, elevando a vida.

O pensamento analítico deve migrar ao raciocínio por *design*, no qual entremeia técnica, intuição e imaginação, com foco na solução de problemas com pensamento sistêmico. Um sistema se define como um conjunto de elementos inter-relacionados e organizados em prol de um funcionamento ou objetivo. O pensamento sistêmico consiste em que todos os elementos, desde o cosmo até um átomo, estão interconectados, portanto são interdependentes. A interdependência nos passa muitas vezes despercebida pela incapacidade humana de percebê-la devido à cultura reducionista. Porém é fundamental para que possamos elevar as inter-relações departamentais, organizacionais, setoriais e das nações ao estado de interdependência, e

ESPÍRITO ORGANIZACIONAL

obtermos a harmonia coletiva. A abordagem mecanicista vem sendo muito importante no progresso tecnológico da humanidade, porém, a sistêmica representa o nosso novo passo evolutivo, inclusive necessário para resolver grandes questões da humanidade, como saneamento, fome, inflação, saúde psicossomática, paz entre nações e pseudoideologias, os quais demandam, entre outros, uma abordagem holística da realidade e uma comunicação autêntica. Se faz necessária uma progressão educacional, logo cultural, nesse sentido, bem como um equilíbrio entre a abordagem científica com a ética, moral e espiritual.

Diante de um mundo multiacelerado e conectado, nosso tempo é sugado em questões urgentes e importantes; e urgentes e não importantes, no qual investimos executando tarefas e dando suporte aos elos, ocasionando a procrastinação criativa. O processo criativo exige tempo e mente livre para pensar, dentro de um espaço importante e não urgente, onde inclusive reside o ócio criativo. Quem negligencia esse espaço acaba atuando prevalentemente de forma burocrática e em automatismo, sem pensar no que estamos fazendo e como aprimorar. Permitir-se dispor do espaço importante e não urgente é fundamental principalmente para as funções estratégicas e criativas. Vivemos em uma cultura onde cada vez mais se concebe produtividade com o fazer, e não com o pensar, muitas vezes taxado como perda de tempo pelos burocratas. A capacidade de pensar e a disposição do espaço inventivo é um ativo de vantagem competitiva nas organizações, pois enquanto os automatismos apenas reproduzem, os pensadores se dedicam a elevar a estaca competitiva, pressionando os executores e a manada do mercado a seguirem se quiserem sobreviver.

Criatividade é um exercício de aprendizado onde não se obtém o melhor resultado de imediato, se fazendo necessário o comprometimento com a melhoria rápida e contínua. É como musculação, na qual dia após dia estamos mais fortes. Nesse sentido, geramos uma espiral positiva de inércia, definida por Isaac Newton: "um corpo em repouso tende a ficar em repouso; um corpo em movimento tende a ficar em movimento". Nesse sentido, quando estamos posicionados fora da zona de conforto, a inteligência criativa é potencializada pela necessidade, e encontramos a zona da magia, expandindo nossos paradigmas visando adaptação, que é a virtude mais notável de quem goza da perenidade. Esse fenômeno é típico em conjunturas de redução de orçamentos, escassez de recursos e pressão competitiva. Analogamente, plantas tendem a dispor de sua energia a frutificar e dar os frutos mais doces quando o ambiente apresenta escassez ou desconforto: desbalanço hídrico ou seca, solos salinos, extremos ou desbalanços de temperatura; do contrário, tendem a somente vegetar. A natureza é sábia.

Quem se diz não criativo está dominado pelo medo de ser julgado. O convencional frequentemente nos passa mensagens subliminares de que sonhar é muito arriscado, e desse modo corremos o risco de o ímpeto inovador ser sutilmente dissuadido. Somando-se a isso, para se sobrepor o medo da falha, logo de julgamentos, é fundamental a virtude da resiliência. Cicatrizes criativas são marcas de batalha no corpo e mente do grande ser inovador. Para uma grande ideia ser desenvolvida, julgamentos devem passar longe, ou, pelo menos, a equipe deve ser impermeável aos mesmos. Com confiança criativa, a palavra-chave não é tentar, é fazer. A humildade, resiliência e a coragem nascem da percepção de que os erros são necessariamente trampolins para o aprendizado e crescimento, e, uma vez que vão sendo corrigidos, o processo passa do medo ao prazer e à alegria. Ademais, dispor do erro como alavanca do processo de aperfeiçoamento realça a automarca no sentido da confiança, integridade e naturalidade. A humildade significa esvaziar e abrir a mente ao olhar a realidade, e encarnar a programação mental de um viajante iniciante, permitindo assim se observar inúmeros valiosos detalhes que passam despercebidos por nossos filtros mentais. Tal virtude permite a polinização cruzada de ideias provindas de diferentes culturas, polos e tipos de organizações, gerando ideias com vigor híbrido. Existem pessoas identificadas com julgamentos e comparações, porém estão mais focadas com autopromoção do que com a realização e a missão. Uma das formas de hibridizar ideias é a cocriação de protótipos, que conta com metodologias muito eficazes de *design thinking* e *design sprint* para conduzir a expansão da consciência ao processo criativo e soluções visando a inovação. É altamente recomendável que qualquer organização que não teve contato com essas técnicas, que o faça.

20 | ESPÍRITO ORGANIZACIONAL

Durante a década de 1970, as autoridades de Nova York se viam encurraladas pelo poder e violência da máfia, cuja um dos chefões era Paul Castellano. O FBI se deparava com a necessidade de obter autorização judicial para adentrar às residências dos suspeitos. Eis que surge um plano. Para transpor o caminho burocrático e adentrar o domicílio de Paul Castellano, forjaram uma interferência no seu televisor. Logo, um detetive disfarçado de técnico se apresenta no aposento alegando se dispor a solucionar o problema. Para não gerar desconfiança, ele simula uma ligação à "central de manutenção", e alega que precisa realizar um agendamento para retornar e realizar o reparo. Mafiosos não gostam de agendamentos, então, o técnico se prontifica: "ok, abro uma exceção e resolvo o problema de seu aparelho agora", e ainda solicita ao assassino que segure a lanterna para iluminar a ação de "reparo". Então, o agente disfarçado, sob o olhar de Castellano com a lanterna em punhos, friamente instala um microfone de espionagem dentro do televisor, sob as barbas do transgressor. Isso sim é o que podemos chamar de criatividade corajosa e cheia de adrenalina!

Creio que o processo educacional clássico necessita de três revoluções para transformarmos um novo mundo: pensamento sistêmico, identificação do indivíduo com o universo; e aprendizado baseado no propósito, que simplesmente significa entender o porquê devemos aprender o que estão ensinando, potencializando a motivação ao conhecimento. Faz-se necessária uma progressão cultural nesse sentido, bem como um equilíbrio entre a abordagem científica com a ética, moral e espiritual. Desse modo, indivíduos autênticos terão condições de criar rotas novas e próprias, sem se restringir a receitas prontas, para assim dilatarem seu potencial de excelência. Ao contrário da concentração plena, momentos de atenção relaxada desvinculada a tarefas conectam ideais, memórias e experiências, ou seja, um estado mais propício para ir ao encontro a soluções para problemas complexos.

1.2. EVOLUÇÃO OU REVOLUÇÃO

A evolução ocorre quando o processo de melhoria contínua se movimenta de maneira linear, previsível. Já a revolução pode ocorrer de duas maneiras. A primeira, oriunda do verbo revolver, ocorre quando se movimenta e aloca o que está embaixo, soterrado, para a posição de cima, e vice-versa. Associa-se de imediato a movimentos políticos, entretanto, na dimensão humana, quando as essências e sentimentos se livram de uma mordaça ou barreira e passam a se sobrepor às aparências e ilusões. Na segunda, sob diferente ótica, revolução conota o movimento de ruptura da linearidade, baseado na quebra de resistências, para então o sistema se alocar em um novo patamar mais elevado, deixando para trás o anterior. Além das suas dimensões políticas, tecnológicas e mercadológicas, atua sob mesmo princípio na existência, quando se rompe o inconsciente e o torna consciente, superando crenças limitantes, devaneios e medos.

Devemos mais temer aqueles competidores que, em silêncio, chegam de forma invisível com ímpeto e paixão para mudar as regras do jogo. O resultado pode ser um belo nocaute. Faça-o você primeiro, com ousadia e coragem para o ataque, do contrário, ficará sempre na defesa, correndo atrás da lacuna de mercado. Mudar as regras do jogo é revolução, seguir as lacunas de mercado é evolução. Se apenas ficarmos nos comparando aos concorrentes e ajustando as arestas, estaremos em grande risco; deve-se estar preparado para promover ou sobreviver às rupturas.

A primeira empresa a criar uma câmera de seis *megapixels* certamente teve uma explosão de lucros, projetou sua marca e deu muitos motivos para sua equipe celebrar. Porém, por meio da criação reversa, logo uma

ESPÍRITO ORGANIZACIONAL

concorrente criou uma de mesma resolução, mas com melhor operacionalidade e *design*, logo, abriu uma nova lacuna de mercado, para aqueles que pensavam estar nadando sozinhos no oceano. Por sua vez, a empresa que foi pioneira criou a máquina de oito *megapixels* com o mesmo custo da sua desafiante. Isso é evolução, a busca incansável atrás do avanço; um movimento linear, gerando competição por meio da busca por vantagem competitiva em reconhecimento de marca, custos, promoção, conveniência, serviço e acesso ao mercado. Eis que surge o grande papel do *marketing*: entregar valor pela identificação de desejos e necessidades explícitas e latentes, bem como desenvolver estratégias viáveis para atendê-las. Quem sucumbe a esse esforço lança mão da competição predatória e puxa o valor de mercado para baixo, fazendo um desserviço à indústria, porém, aumentando o nível de acesso ao consumo. Sejamos justos: empresas posicionadas com excelência em custos também realizam esse movimento com sucesso e sustentabilidade. Quando o produto está muito acima da lacuna de mercado, ufa, essa vaca leiteira vai transbordar os baldes sem tanto esforço.

Nesse cenário, o sol nasce para quase todos. Repentinamente, alguém se apodera do fogo. Surge um intrépido criativo que cria uma câmera de dezoito *megapixels*, acoplada à conveniência do celular, que em um clique você, onde estiver, registra qualquer momento e compartilha com o mundo. Isso é revolução. Esse mesmo princípio de mudar as regras do jogo não se restringe apenas a produtos, se expandindo a forma de vender, acessar o mercado, promover ou produzir. Seu *design* de produtos ou serviços leva a qual caminho? Criatividade é a magia.

Inovação é a gestão da criatividade. Atos criativos são atos de coragem. A cultura organizacional, por meio da comunicação autêntica, deve dar vazão ao livre pensar e expressar, não dissuadir. Automotivação, autoconfiança, flexibilidade, *expertise*, pertencimento e habilidades cognitivas especiais são características chaves do ambiente criativo. Na criação técnico-científica, geralmente destacam-se indivíduos com estrutura de personalidade tecnicista. Esses são geralmente reservados, introvertidos, tímidos, concentrados, e ouvem mais do que falam; preferem coisas a pessoas, e são focados em processos. Por vezes, tomam algumas caipirinhas e ficam extrovertidos, mas logo passa. A estrutura de personalidade não muda, ou muda muito pouco ao longo da vida. Tentar mudar é uma violência. Ainda bem que parte se ajusta por meio da neuroplasticidade, e o esforço da gestão deve ser para que os indivíduos com esse talento criativo desenvolvam habilidades grupais e sociais para interagir, trocar ideias, informações e, por fim, cooperar. A cooperação, construção de alianças e política fazem parte do trabalho, visando a sinergia e o desempenho; não é somente questão de boa vontade. Portanto, se o indivíduo ou setor criativo se encontra encapsulado ou ilhado, se deve sair dessa condição e construir pontes, e se rodear pela *network* de suporte; nessa direção, no ambiente competitivo se faz fundamental esses mesmos elementos saírem ao encontro do diálogo e *feedback* dos usufrutuários e profissionais que estão na linha de frente com os clientes, desenvolvendo a cocriação por meio da geração de ideais e conceitos baseados na empatia. Além da estrutura de personalidade, o perfil inquisitivo se faz necessário ao criativo de excelência, pois prediz curiosidade e abertura à geração de ideias (fluência ideacional). Quando vejo uma máquina, aprecio sua capacidade, o *design*; a programação mental do inquisitivo pode o fazer pensar "estou curioso para desmontar essa aparelhagem e averiguar como funciona para poder melhorá-la".

1.3. O MARKETING QUE O CONHECE MAIS DO QUE CONHECE-TE A TI MESMO

Existem duas formas básicas de se gerar valor e atração ao público: satisfazer suas necessidades ou desejos. Necessidades são estáticas; desejos são cinéticos. Necessidades são mais constantes; desejos são mais momentâneos. Necessidades representam as coisas que apenas saciam o estado de desconforto, dor ou aborrecimento, portanto, o prazer se restringe a estancá-los, atingindo tão somente o estado de neutralidade, no qual a satisfação transita do estado negativo (insatisfação) até o ponto zero. O atendimento das necessidades está mais correlacionado com os mercados e ofertas mais comoditizados, onde a criatividade para se gerar vantagem competitiva se foca com mais intensidade nos fatores extrínsecos ao produto, como redução de custos e conveniência. Uma companhia aérea pontual, beber um copo de água, adquirir um veículo para deixar de caminhar dez quadras todos os dias sob sol e chuva apenas evitam a sensação de desconforto, dor ou aborrecimento. Necessidades são mais explícitas, portanto, mais simples de serem percebidas do que desejos.

Desejos representam o que buscamos para sentir prazer e satisfação, ou seja, movimento positivo, a partir das experiências organolépticas, mentais e espirituais. Uma companhia aérea pontual é necessidade; com mais conforto é desejo. Beber água é necessidade; beber vinho é desejo. Um veículo para se deslocar do ponto A ao B pode ser uma necessidade; comprar uma Ferrari é desejo. Necessitar de algo que deve se manter na esfera do desejo caracteriza o vício. Desejos são por característica mais latentes, portanto, a arte de criá-los passa por elevar a experiência existencial das pessoas.

26 | ESPÍRITO ORGANIZACIONAL

Organizações criativas de excelência possuem a sensibilidade de perceber e agir sob as necessidades e desejos extrínsecos ou latentes da sociedade e seus consumidores. Dessa forma, criam novas necessidades e desejos, portanto criam mercados em vez de somente servi-los, e conduzem o mercado em vez de serem conduzidas por ele, e os atributos entregues em seus produtos ou serviços definem uma nova necessidade e se distanciam vigorosamente da lacuna de mercado, de forma a dar aos concorrentes a tarefa de fornecer o mesmo atributo como o mínimo. Eu diria que nesse caso se trata até de um grau de genialidade, que obviamente é a exceção, não a regra, portanto o Sol, na maioria dos setores, segue nascendo para todos que buscam avanço.

Organizações altamente competitivas possuem corpo criativo que evolui e constantemente exaure a concorrência, elevando a lacuna de mercado por meio das necessidades e desejos explícitos e latentes de seus consumidores, e elas mesmas tratam de tornar suas ofertas obsoletas antes de que os competidores o façam. Para identificar tais necessidades e desejos, a ferramenta de análise de valor coloca o prumo assertivo nos esforços da criação. Como disse Philip Kotler: "Em grande parte dos mercados há muitos pescadores e uma quantidade não abundante de peixes, e a pesca é abastada para quem melhor conhece os peixes". Por meio de pesquisa de mercado, ou simplesmente ouvindo e indagando os clientes, devemos entender quais atributos competitivos em produtos, serviços e condição comercial nosso público-alvo mais demanda, em ordem de importância, e posteriormente qual o valor percebido atribuído para cada um desses predicados entre os *players* de mercado. Se obtemos, dentre os atributos mais demandados, um baixo valor percebido, o *design* de produtos e serviços está desorientado, e deve ser reformulado. Reajuste sua mira, pois está desregulada e perdeu o alvo de vista, e desse modo é uma presa fácil aos predadores, e sangue será derramado. Caso obtenhamos muito valor percebido somente nos fatores pouco requeridos pelos consumidores, estaremos pouco eficazes e desperdiçando recursos, caminhando no deserto sem chegar a lugar algum.

A obtenção de alto valor percebido nos atributos desejados explícitos pelo público-alvo conota uma preciosa assertividade de foco, em que estamos "falando a língua do público", e promovendo a evolução; quando esta elevada percepção de valor converge com os anseios e vontades latentes dos clientes, emergimos à revolução disruptiva, e, nessa hora, o cliente passa a falar a nossa língua e se obtém o *status* de paraíso competitivo.

As instituições que possuem os atributos de elevado apreço com seu valor altamente percebido pelo seu público são as que ascendem e se destacam no mercado. Tal combinação representa o posicionamento de produto ou marca que deve ser fortalecido por meio da comunicação ao mercado. Portanto, o barco está no rumo certo e a energia desprendida se converte em resultado e sucesso. Nesse barco, transborda sentimento de realização e autoconfiança retroalimentada, afinal, *marketing* é identificar necessidades e desejos para atendê-los. Identificar as necessidades e desejos correntes já é louvável, ser visionário para se identificar as próximas e as latentes caracteriza o brilhantismo. Inclusive, mudanças profundas de mercado podem ser geradas por eventos ou acontecimentos, pela conjuntura. Identificar necessidades e desejos latentes e futuros consiste na a arte do *marketing* que te conhece mais do que conhece-te a ti mesmo. Finalmente, façamos o que esperam de nós, e não esqueçamos de realizar também o que não esperam. Desafiemos o *status quo*.

Um fator-chave da gestão da criatividade, em empresas, parte da premissa de que setores criativos visam gerar valor com fins de vendas e lucratividade. Para tal, uma organização harmônica que possui um setor criativo forte deve em paralelo possuir um setor comercial forte. Ambos devem ser compatíveis, para que um não se torne gargalo do outro. A efetividade em geração de valor do setor criativo se obtém pelo quanto se converte em lucratividade cada unidade monetária investida em pesquisa e criação. Consiste em uma métrica de retorno sobre investimento (ROI). Tal métrica não deve ser analisada de maneira absoluta, mas sim ponderada e amplificada, pois, se a força comercial é o funil, corremos o risco de distorcer as conclusões; ademais, o *markup* criativo é um indicador importante, porém relativo. Melhor dizendo, uma coisa é se avaliar quanto retorna em lucro um setor para cada unidade monetária aportada; outra coisa é o valor de lucratividade absoluta que o setor gera. Ambos os fatores devem ser

28 | ESPÍRITO ORGANIZACIONAL

avaliados de maneira consolidada em se tratando de tomadas de decisão sobre investimentos em pesquisa e desenvolvimento. O que prefere, investir um dólar em um setor e obter quatro de volta, ou aportar cinco dólares e receber de volta dez? O resultado sob critério relativo do primeiro caso é melhor, relação de aporte e lucro 1:3, isto é, você ganha três unidades de lucro; o segundo, embora resultado relativo inferior, 1:1, o resultado absoluto é superior: recebemos cinco dólares livres na banca, por se tratar de um setor com maior potencial de mercado e volume de negócios. Qual você prefere? Particularmente, aportaria no segundo setor.

1.4. POSICIONAMENTO ÍNTEGRO

O desenvolvimento de produtos ou serviços consiste em um dos pontos cruciais da gestão da criatividade, pois define o produto enquanto benefício, logo, valor e negócios. Você criou, agora necessita validar em seu público-alvo e obter a compreensão da oportunidade de venda e geração de valor para esse público. Nesse processo, devemos ter muita atenção aos detalhes que podem custar caro ou fazer toda a diferença para alavancagem. O diabo mora nos detalhes, porém Deus também. A arte de percebê-los é um dos grandes diferenciais na área de desenvolvimento. Boas ideias mal posicionadas podem ser como encontrar uma pedra de diamante e produzir um objeto cortante, em vez de uma joia. O desenvolvimento também consiste na interação entre usuário e protótipo, ou seja, como o cliente percebe a experiência de uso.

O propósito de desenvolver um produto ou serviço é posicionar o mesmo. Mas afinal, o que significa o posicionamento? Para responder a essa pergunta, vamos subdividir o conceito em posicionamento primário e posicionamento secundário, e vamos responder a outras três questões para compreendê-lo. Antes disso, podemos também dar o significado de que posicionamento faz parte do coração de *marketing* e vendas.

Vamos lá. Meu produto ou serviço possui alguma vantagem competitiva frente aos *targets* de mercado? Os meus clientes necessitam ou desejam essas características que aponto como vantagens competitivas? Se respondemos sim a essas duas perguntas, temos um posicionamento primário – ele pode ser fraco ou forte, dependendo do tamanho do benefício que geramos. Se não, nossa saída é o posicionamento de preço, caso o mercado seja elástico para tal, ou abortar o intento.

Em se havendo um posicionamento primário, devemos responder de forma clara à seguinte questão: como, quando e onde a vantagem competitiva que disponho é percebida pelo meu público-alvo? Se o soubermos, temos o posicionamento secundário, e tudo para um excelente desempenho e respectiva comunicação. O como representa a forma correta de utilizar, operar ou manejar o produto ou serviço; o quando, a época ou espaço temporal ideal para uso; e o onde, o espaço ou local ideal para aplicação, seja por motivos ambientais ou culturais. Ou seja, o posicionamento é amigo íntimo da estratégia, e direciona a tônica da proposição de vendas, logo, a comunicação a ser direcionada ao mercado.

O processo de compreensão do posicionamento secundário nos leva a três possibilidades: posicionamento ótimo (leão), marginal (crocodilo) e risco (mosquito). O leão representa o alto valor percebido pelo público-alvo, por meio do manejo ou manuseio, e disposição espacial e temporal assertivas; representa a possibilidade de dominância, força, respeito, e de predação de concorrentes, gerando fidelização e clientes defensores. Podemos citar uma macieira de alto potencial produtivo, com frutos brilhantes e superdoces, plantada na região que fornece plenamente as horas de frio e quantidade de radiação, com o agricultor acompanhado e orientado a fazer uma adubação e tratos culturais impecáveis. O crocodilo seria uma macieira disposta em uma condição que fornece parcialmente as condições ideais para plena expressão do potencial de *performance*, com adubação restrita e podas atrasadas; esse vive nas margens, podendo ser tanto o predador quanto a presa. O mosquito é essa macieira de clima temperado cultivada em zona tropical, sem aptidão, em solo infértil e com adubação incorreta, gerando poucos frutos, e os que se formam são ácidos e opacos; desse modo seremos presas frágeis, fáceis e altamente expostas a serem eliminadas e mal faladas, reduzindo a nossa confiabilidade ao mercado. Ser mosquito é vender gelo no Alasca. Leão é realizar essa oferta no deserto dentro de um *cooler* que o conserva por três dias; crocodilo é conduzir esse gelo no interior de uma caixa de metal, podendo assim derreter em algumas horas.

O perfil para desenvolvimento é o comercial-técnico. O viés técnico é fundamental para responder de forma assertiva e profunda às questões que definem o posicionamento, e conhecer a movimentação e a disposição dos alvos de mercado. O viés comercial é chave, pois o produto do desenvolvimento é uma venda interna para a área comercial, para que implemente e comunique o posicionamento do produto ou serviço de forma assertiva e com alta motivação e confiança. Para tal, a capacidade de integração do profissional de desenvolvimento é o grande diferencial que gera harmonia no processo. Tal virtude, que cabe tanto à área de desenvolvimento quanto à comercial, também se demonstra com alta valia no processo de *feedback* gerado à área de criação referente à experiência do usuário. Grande parte das pessoas com perfil predominantemente analítico-tecnicista possui viés de ação limitado. Por esse motivo, a orientação ao perfil comercial do desenvolvimento vem com o papel de "fazer e permear a notícia" do posicionamento.

Abordamos a finalidade do desenvolvimento. O processo de trabalho envolve a criação do plano de ensaios a campo, que deve ser coerente com o objetivo e o mercado alvo do produto, metodologia de avaliação, relatório e conclusões. Lembrando que as conclusões são relativas ao posicionamento competitivo frente aos concorrentes alvos que representam a referência dentro do mesmo segmento e posicionamento pretendido. Em caso de protótipos cocriados e customizados, que não possuem testemunha de mercado, avaliamos a experiência do usuário e a necessidade de ajustes sem a necessidade de comparação.

Posicionamentos na essência são subdivisões dentro dos segmentos e subsegmentos, visando possibilitar atender todas as necessidades e desejos, portanto oportunidades que sejam viáveis para o negócio. Segmentos são os níveis primários de tipificação; subsegmentos são as classificações secundárias, terciárias. Um exemplo.

Indústria: cerveja artesanal; segmentação primária: Pilsen, IPA, Bock, Pale Ale; subsegmentação secundária: American IPA, English IPA e Imperial IPA; subsegmentação terciária: lúpulo alto ou baixo. Além disso, podemos oferecer em garrafas de 300 ml ou 600 ml.

Percebam que o *pipeline* de criação e desenvolvimento deve ser analisado desde os níveis macro de segmentação até os mais afunilados de subsegmentação para atender às demandas de mercado de forma mais assertiva e precisa para se gerar força e unicidade no posicionamento do produto e marca. Algumas empresas chegam ao nível endêmico e trabalham o *marketing* regional, o extremo oposto são as indústrias de *commodities*, onde não há tanta necessidade de segmentação estratégica, mas sim excelência em custos. Empresas que buscam maior sustentabilidade lançam mão de estratégias de portfólio e posicionamentos amplos e diversos, reduzindo dependência de produtos estrelas, colocando na mão da equipe de vendas um baralho amplo e a ensinam como, quando e onde jogar cada carta.

O desenvolvimento também deve trazer à tona as vulnerabilidades e desvantagens competitivas, pois caso se tente esconder, fugir ou negá-las, teremos três impactos: abdicar de lançar mão de estratégias e ações para neutralizar ou minimizar os pontos fracos e riscos; a menor confiança da área comercial na área de desenvolvimento; e a perda da oportunidade de se gerar melhorias no *design* de produto ou serviço. Não perceber e enxergar pontos fracos pode ser devido à incapacidade técnica, mau planejamento ou falta de transparência de informação, perante a crença de que a exposição de vulnerabilidades pode gerar insegurança comercial, e a alavanca pronta para justificar falhas ou desmotivação. Ignorar vulnerabilidades é como lançar um bumerangue que posteriormente volta na nossa direção em forma de objeção, exigindo um retrabalho de reposicionamento. Porém, muitas vezes, após remendar um vaso quebrado, ele já não será mais o mesmo. Comunicação íntegra e autêntica é a chave.

Posicionamento assertivo executado representa a garantia do cliente satisfeito, que por sua vez age como nosso multiplicador ou catequizador por meio do seu depoimento positivo e influenciador, o famoso boca a boca, que vem a ser uma forma de promoção simples e altamente eficaz, pois os consumidores muitas vezes preferem acreditar em outros usuários do que nas próprias empresas devido ao elemento da credibilidade de isenção. Um produto ou serviço mediano bem posicionado provavelmente dará mais resultado do que um de maior qualidade mal posicionado. Repare que posicionamento é a percepção de valor obtida, portanto, nossa possibilidade de eficácia obtendo a maior captação de valor na oferta.

2
INTRODUÇÃO:
A TEIA DOURADA

2.1. ENTREMEANDO O PÚBLICO-ALVO

Que soem os tambores, a máquina de suprimentos e a promoção já estão rodando; agora, a tão esperada hora de vender, faturar. A definição do posicionamento nos indica o que fazer, ou seja, a estratégia; a introdução exige força tática, ou seja, como fazer. Hora da ação. Nesse momento, a força da ação promocional e acesso a mercado são definidores da curva de crescimento; a *expertise* no posicionamento e o nível de foco nas ações definem e diferenciam a mesma curva do abismo. Antes de tudo: sua oferta é de preço, evolução, revolução?

No processo de lançamento, o objetivo se concentra em captar o máximo de clientes possível dentro do público-alvo no qual o posicionamento atinge e a capacidade de suprimentos permite, por meio de estratégias de massificação por osmose ou por difusão.

Penetração por osmose consiste em "soltar" o produto no mercado, realizando o movimento de pulverização da forma mais ampla possível, de maneira que esse se encaixa e acomoda ao natural nos grupos de clientes que se adaptam e percebem seu valor baseado na diferença de potencial (DDP) frente aos concorrentes. Perceba que é um movimento que se inicia aberto e expansivo, e logo se retrai, transitando da maior concentração do potencial para a menor, o grupo de adesão que aprovou a oferta. Para se lançar mão desse plano, o produto ou serviço necessita possuir alta homeostase, ou seja, estabilidade de *performance* e baixo nível de condicionantes de posicionamento, ou seja, o como, o quando e o onde, para o cliente perceber os benefícios do produto. Nesse caso, a comunicação objetiva estimular a experimentação e busca pelo produto o mais rápido possível, em que subsequentemente os atributos são aprovados ou reprovados por parte

36 | ESPÍRITO ORGANIZACIONAL

do público-alvo, com espaço estreito ou ausente para ajustes na percepção da imagem ou valor. Esse espaço estreito, típico de bens de consumo, pode ser genialmente amplificado por meio de um trabalho de comunicação e posicionamento de marca excelente, como, por exemplo, movimentou-se o posicionamento das sandálias Havaianas, que na década de 1990 era associada à baixa qualidade e *status*, e nos anos 2000 reverteu-se a uma percepção de estatura elevada e estilo de vida estético.

Massificação por difusão se movimenta de um meio mais concentrado a um meio menos concentrado, onde necessita-se de unidades de referência ou demonstrativas para se promover o posicionamento de valor do produto ou serviço, ou seja, sua diferença de potencial (DDP) frente aos concorrentes. Esse modelo estratégico se faz necessário em ofertas com menor nível de homeostase, ou seja, estabilidade de *performance*, devido a maiores níveis de condicionantes, seja de manuseio ou ambiente (época, local), para a expressão do valor percebido pelo público-alvo. Nesse caso, a comunicação busca estimular também a experimentação e busca pelo produto da forma mais efetiva possível, porém, se necessita uma estrutura consultiva para se conduzir o posicionamento frente aos consumidores.

Por exemplo, em se tratando de máquinas e implementos agrícolas: para se lançar um trator convencional que possui maior eficiência em consumo de óleo diesel, lançamos mão da penetração por osmose; no caso de uma encanteiradeira, é necessário instruir o usuário sobre as diversas funcionalidades e opções de regulagem, abordagem mais consultiva, devemos impulsionar por meio da estratégia de penetração por difusão.

Em se tratando de ofertas e valores com nível intermediário de condicionantes de posicionamento, podemos utilizar as duas abordagens simultaneamente: comunicação visando consumo e aderência massiva, e, ao mesmo tempo, desenvolver meios para demonstrar a disposição dos produtos e serviços, bem como uma estrutura consultiva a serviço do público visando orientar e encorajar a adesão.

A penetração de mercado difusa, que demanda uma abordagem mais consultiva para gerar a plena percepção de valor, tem como elemento competitivo chave o conceito de que a promoção e a venda não são apenas de característica de produto, mas sim também de seu posicionamento. À medida que os clientes concebem o posicionamento e dominam seus atributos para obter o pleno desempenho, sentem-se empoderados pela sensação de maior controle e segurança sob suas atividades, e a maior identificação com o agente comercial, a oferta e a marca, devido à percepção de integridade, *expertise* e amparo por parte dos mesmos, resultando não apenas no ganho da fidelidade dos clientes, mas também em defensores e catequizadores, que, em muitos mercados, representa a comunicação mais eficaz que existe, uma vez que em muitos setores os consumidores escutam e creditam muito mais os depoimentos de outros consumidores do que a própria comunicação institucional. Adaptar os clientes a nossos produtos e serviços é um trabalho educativo, porém, ao ser obtido, abrimos uma lacuna competitiva positiva poderosa frente aos concorrentes, pois estes, a partir de então, terão de não apenas vender seus produtos, mas sim seus posicionamentos, e deslocar o público para fora de uma zona de satisfação e conforto. Terão de convencê-los a modificar um "time que está ganhando".

Ao se introduzir uma oferta no mercado, devemos iniciar sobre o posicionamento ótimo, com precisão de "*sniper*", para criar uma base edificada de desempenho e clientes, e consolidar uma imagem positiva de valor perante o negócio. Uma vez essa base edificada, podemos expandir a oferta para os posicionamentos marginais, dispondo de maior *expertise*, domínio consultivo, sob abordagem íntegra e assertiva com o público perante os riscos calculados e manejos necessários para mitigar as condicionantes que concedem ao posicionamento o *status* marginal. Posicionamento marginal, ao contrário do de risco, é sim posicionamento alvo de mercado e negócios, principalmente à medida que o público passa a ter domínio perante a *performance* do nosso produto ou serviço. Nesse sentido, a massificação difusiva assume um padrão de comportamento radial: inicia centralizado no meio do alvo, e se expande e se abre progressivamente de forma segura por meio da capacidade da organização de educar seu público em relação ao seu uso. A osmótica, um movimento axial, partindo da massificação e se estabelecendo nas camadas ou indivíduos aderentes.

ESPÍRITO ORGANIZACIONAL

Para ofertar novidades, devemos ter ciência de que todos os indivíduos são ciclicamente e intrinsecamente motivados a buscar novas experiências sensoriais, e buscar maior domínio de resultados baseados no desenvolvimento de habilidades e compreensão da realidade. Essa motivação é variável entre pessoas, bem como seus fatores e condições de ativação ou inibição, e conhecê-las é fundamental para a eficácia nos processos de abordagem. Por isso, vamos definir e identificar os cinco grupos de *prospects* e sua frequência.

Pavões: inovadores extravagantes, que gostam de aparecer e assumem riscos, porém não formam opinião por não serem bem respeitados; corujas: abertos a serem pioneiros e aderirem boas ofertas; inteligentes e respeitados, assumem alta importância como consumidores de novos produtos e referência em posicionamentos de sucesso; coelhos: não gostam de riscos, mas são excelentes proliferadores, pois representam a primeira leva a aderir na estratégia de massificação e penetração de mercado; tartarugas: atrasados, cautelosos e resistentes, aderem depois da maioria, representando o segundo movimento de massificação; dinossauros: tradicionais, inovação e mudança representam tremendo desconforto.

Cuidado para não perder muito tempo com os pavões. As corujas são ativos de relacionamento preciosos para qualquer negócio, pois serão as unidades de referência para demonstrar e catequizar o potencial de *performance* e benefícios que almejamos ser percebidos. Esses são os *prospects* que devemos tratar de forma diferenciada e customizada. Os coelhos são como São Tomé: necessitam ver para crer. Ao verem as corujas satisfeitas, se encorajam, portanto, devemos levá-los até as corujas, ou os fazer tomar conhecimento dessas. Ao observarem as corujas e coelhos com bons resultados, por fim atraímos as tartarugas, e concluímos o ciclo de crescimento de um produto ou serviço para se atingir a maturidade. Quanto aos dinossauros, digamos que são importantes para manter o charme da cultura *vintage*. A excelência em posicionamento, relacionamento e atendimento objetiva alocar todos não somente na condição de ótimos clientes, mas também de catequizadores e defensores. A fidelização dos clientes ao longo do tempo exige esforço contínuo, sem relaxar, pois, do contrário, certamente os concorrentes estarão ávidos a nos imprimir um alto nível de pressão competitiva e tomá-los, gerando uma fase de declínio, nos forjando a reciclar as ofertas.

Nessa dimensão, o estado da arte da atuação comercial sob foco do cliente consiste em empoderá-lo, convertendo-o ao máximo em coruja fiel, assim aumentando um dos maiores ativos invisíveis de uma organização: o patrimônio relacional.

Um lançamento deve ser o compartilhamento de um sonho interno que reverbera ao público externo. Exige muito esforço e foco para desenvolver o processo, demandando cuidado para que a atenção da área comercial não fique excessivamente contrabalanceada nas vacas leiteiras que já estão criadas e geram resultados maiores com menos esforço no curto prazo. Vendas é presente, sem esquecer do futuro e, para isso, a política comercial deve motivar de forma diferenciada o foco nas introduções, principalmente em se tratando as de alto potencial de posicionamento. O desenvolvimento, por meio do posicionamento, imagem construída do produto ou serviço, é o garçom que dá a assistência para a equipe de vendas ser agressiva para marcar o gol, do contrário, essa vai perder a bola para a zaga adversária ou retornar a bola para a defesa. Segmentos mais valiosos tendem a possuir os maiores níveis de competitividade, exigindo maior nível de esforço e foco, pois nesses as estratégias de defesa da concorrência estão mais bem postadas; furar o bloqueio exige qualidade individual e estratégia. O ser humano vendedor que tem afinidade pela zona de conforto acaba focando muito nas ofertas consolidadas, vacas leiterias, que demandam menos esforço e dor de cabeça para negociar e vender, porém, essa atitude não vai ao encontro dos objetivos organizacionais e da sustentabilidade. Ademais, exímios comerciantes vendem não apenas "pão quente", mas também os produtos que possuem níveis medianos ou mais fracos de posicionamento, onde a zona de conforto automaticamente constrói as válvulas de escape para justificar o insucesso, eximindo o esforço e a habilidade necessários ao grande profissional, para que o cliente se aproxime e adquira por relacionamento, confiança e capacidade consultiva. Grandes comerciantes têm marca própria, logo, por si só, valor agregado em qualquer oferta.

Os produtos estrelas ou vacas leiteiras e os lançamentos (bezerros) estrategicamente podem, sim, andar juntos, utilizando-se das vacas leiterias para impulsionar os bezerros, para na mente dos consumidores haver uma associação do sucesso da estrela com o lançamento, relacionando a imagem e conectando as ofertas, por meio de campanhas de vendas vinculadas. Quem já possui as chaves (vacas leiteiras) do mercado abre as portas para os bezerros com muito mais facilidade.

Os agentes envolvidos na criação e desenvolvimento de um produto ou projeto, se distraídos, tendem a desenvolver uma espécie de sentimento paternal pelo mesmo; como um filho, deve se ter consciência para o amor não se tornar cego com uma fantasiosa idealização, blindando e negando mentalmente suas fraquezas. O desbalanço causado entre o excesso de emoção e expectativa com a baixa racionalidade pode nos induzir a superestimar o posicionamento ótimo, adentrando zonas de risco e vulnerabilidade, ocasionando objeções e frustrações. Por mais que haja entusiasmo e motivação, devemos agir com lucidez e respeitar o posicionamento do produto sem extrapolar esse espaço; se agimos sob ilusão, o destino do projeto fica ao acaso da sorte.

Particularmente, eu considero a fase de transição da introdução ao crescimento a mais crítica no ciclo de vida de um produto. A hipercompetitividade dos mercados exige que em grande parte das indústrias os produtos ou serviços possuam atributos múltiplos, e o processo de venda não se concretiza apenas pelas características dos mesmos, mas sim por posicionamento e fatores emocionais e motivacionais da aquisição. Se não promovermos de forma efetiva esses três fatores, principalmente o primeiro, corremos o risco de após a introdução vir o abismo, que pode culminar no descarte da oferta ou serviço, ou em um imenso retrabalho para reposicionar e sobrepor objeções. Lembre-se: um cliente frustrado faz mais ruído do que três satisfeitos.

Conhecimento, habilidade e atitude formam o tripé da completude de competências do profissional comercial, de maneira que quando uma das bases se encontra enfraquecida, se ocasiona um desequilíbrio nas demais. A virtude da motivação possui o poder de "piramidar" o espectro de desenvolvimento das três bases do tripé, pois o motivo para agir dinamiza o desejo de aprender e praticar, logo desenvolver o conhecimento e a habilidade; sem o poder da finalidade e do ímpeto da ação, essas duas bases se imobilizam e se tornam inertes. Conhecimento gera segurança e assertividade. Habilidades interpessoais e de persuasão tornam o saber reluzente. Coragem, a atitude dos grandes feitos; profissionalismo, fazer o que precisa ser feito; e ainda colocar a cereja do bolo, sem esperar a determinação. O indivíduo contemplado e seguro transcende a si mesmo e passa a buscar algo maior, a cooperação, sendo doador e receptor do poder da ação, finalmente atingindo o foco na missão e propósito global de maneira genuína. Capacitação baseada em conhecimento é essencial, mas longe de ser o ponto de chegada; ainda há um belo horizonte a transitar, cujos caminhos são abertos por lideranças que concebem uma cultura organizacional de empoderamento.

Phillip Kotler afirmou sobre o magnetismo de um ótimo comerciante: "Um excelente vendedor é aquele que você sente vontade de convidar para jantar na sua casa". Intrigam-me algumas civilizações dentre as com maior sucesso mercantil na história, como chineses e israelenses, não possuírem essa notável habilidade social, porém, a constatação é muito simples: *expertise*. Eles fazem isso há mais de 3.000 anos.

2.2 ENCANTO PROMOCIONAL – DISSOCIANDO O SER PRESENTE E O DESEJADO

Potência em vendas passa necessariamente pelo vigor das ações promocionais. Estas são as formas de dissolvermos o homem em dois: o seu ser, estado ou condição presente, e o ser, estado ou condição desejada, sendo o impacto emocional a grande arte do processo. Existem dois tipos fundamentais de estratégias: a comunicação e as campanhas de vendas. Campanhas de vendas são fundamentais para os objetivos de manutenção ou penetração de mercado. A manutenção de mercado possui duas faces: a presença de novos entrantes representa ameaça, ou de algum fator no qual a percepção de valor do produto ou serviço está decadente, por exemplo, se quisermos vender guarda-chuvas em um ano com previsão de estiagem. Em ambos os casos, a campanha transmite ao consumidor: "Mantenha-se comigo que concedo a você uma condição muito mais atrativa". No caso de penetração de mercado, além de comunicar posicionamento de vantagem frente os *targets*, concedemos uma condição comercial mais atrativa e arrebatadora, estimulando a experimentação e predação dos competidores. Uma forma muito eficaz são as vendas combo, em que combinamos uma vaca leiteira com um lançamento ou oferta que queremos alavancar: "Compre um cafezinho, que nosso novo pão de queijo com recheio de frango sai por apenas cinquenta centavos". De quebra, aumentamos o tíquete médio do cliente. Campanhas podem ser estratégias de negociação para atrelar condição comercial a volume de vendas, sendo mais efetivas em segmentos com comportamento elástico diante das condições de preço e prazo. Esse plano se dispõe a sacrificar margens em prol da massificação e difusão do produto ou serviço, e conquista de novos usuários. Para tal, concebe-se uma estratégia de negociação de maneira que as margens são sacrificadas, porém, por meio do incremento do volume da transação, atingimos maior penetração de mercado, preservando ou incrementando a lucratividade em vendas correntes de forma a se gerar um impacto positivo nas futuras, tendo em vista que a ação atraiu a adesão de novos clientes.

Comunicação envolve publicidade midiática, eventos, apresentações, materiais impressos e o que mais a imaginação alcançar. Existem empresas que optam por comunicação visando incitar a ação, com maior apelo cognitivo, como: *"Nike, just do it"*, *"Apple, think diferent!"*, *"Abuse & Use C&A"*, "Venha para onde está o sabor, venha para o mundo de Marlboro" e outras que incitam posicionamento, com maior apelo racional: *"Volvo, the safest car"*, "Se é Bayer é bom", "Nescau, energia que dá gosto", "Red Bull te dá asas". O posicionamento racional é mais facilmente copiado pelo competidor por meio do preenchimento da lacuna de mercado; o cognitivo é mais poderoso, pois remete que o concorrente pode até imitar a casca, mas não a magia que contém dentro dela. Vide a marca Harley Davidson. Para colar o posicionamento na mente do consumidor, devemos comunicar apenas o mais forte e poderoso. Quanto mais posicionamentos ansiamos em comunicar, cada um deles se dilui e se torna mais fraco, gerando a comunicação de posicionamento do pato: voa, anda e nada, tudo mais ou menos. Para se promover vendas em mercados de alto nível de relacionamento pessoal e necessidade consultiva, lembremo-nos de que precisamos levar os coelhos e as tartarugas até as corujas, ou ao menos fazer com que tomem conhecimento delas. Para tal, é fundamental construir unidades de referência nas corujas e possuir forte presença e relacionamento com os clientes de todos os perfis.

Empatia, combinada com a capacidade de ativar emoções por meio do cérebro límbico, é a grande magia para gerar a reação almejada das pessoas. Os indivíduos, emancipados, não querem mais somente saber o como, mas sim o porquê; não podemos esperar que esse se revele automaticamente por meio da reflexão espontânea. A mensagem eficaz gera impacto e reação imediata. Mensagens que não tocam fundo passam neutras pela percepção; em contrapartida, as que conotam empatia e propósito geram essa magia que buscamos. Certa feita, um cego necessitado estava pedindo caridade. Sentado em uma calçada movimentada, dispunha um chapéu, e um cartaz com um dizer: "Tenho fome, me ajude". Infelizmente, o sujeito permanecia em inanição, até que um anjo viu aquilo, tomou a placa e escreveu os seguintes dizeres: "Está um dia tão lindo, e não posso ver, nem sequer comer". Logo, afortunadamente, o desprovido encheu seu chapéu e se alimentou com a dignidade de que não deveria carecer nenhum ser.

Comunicação, por meio do posicionamento de produto, serviço ou marca, concede ao mercado a identidade desses elementos, para que essa "cara" seja vista pelo público. A índole da mensagem pode ser íntegra ou cínica. Integridade representa a convergência entre os valores, ou seja, o que pensamos e sentimos, e de fato fazemos, com o que comunicamos. Ou seja, uma organização íntegra cumpre o que promete na comunicação, sendo essa a base da sustentabilidade. A organização cínica, ou cinismo, infelizmente muito comum na antiética comercial, que visa vender tudo para qualquer um a qualquer custo de qualquer maneira, é a que não cumpre o que comunica. Integridade representa perenidade; cinismo, o caminho indistinto ao abismo.

Quando se tem ciência do seu valor e comunica ao mercado que "aqui você não encontra madeira MDF, se for isso que realmente necessitar, vá ao concorrente. Nosso negócio é madeira maciça para quem busca o aconchego e o charme do estilo colonial". Nesse caso, pode ter certeza de que quem pretende fazer uma construção rústica vai saber: eis o lugar certo. Abordagem íntegra é a arte de superar expectativas, e de gerar no público a percepção clara do valor real e unicidade da sua marca.

3
CRESCIMENTO: AO FOGO, À ÁGUA, AO EQUILÍBRIO, QUE ASSIM SEJA!

3.1. ANTESSALA

Se perguntarmos aos mais de 7 bilhões de habitantes da Terra sobre seus sonhos, possivelmente teriam um consenso: serem felizes. Zaratustra tinha razão: seja quem você é. Divindade é a própria vida, e a certeza que temos de que o grande propósito de evoluir ao estado de sabedoria, em dominante estado de pureza e alegria, nos leva à melhoria do nosso bem-estar e potência de ação dentro da própria existência individual. Sendo assim, elevamos o espírito coletivo, organizacional, ao círculo virtuoso. Uma das constatações mais fascinantes na cultura organizacional é a correlação positiva entre felicidade e rendimento, portanto, a fórmula é simples. Ao se deparar com dificuldades, certifique-se de que o ambiente não esteja permeado de energia tóxica. Se for o caso, desenvolva a habilidade de ser impermeável a essas dificuldades, ou seja, não as importe, não carregue para dentro. A capacidade de importar e construir as energias vitais e producentes é a gênese do círculo virtuoso.

Quando temos estritamente um emprego, esse emprego vai pagar as contas, porém, a vida se restringe a ocorrer nos *hobbies* e finais de semana. Nesse viés, a busca por maior salário, promoções e conquistas individuais torna as pessoas míopes na busca por um significado amplo. Em contrapartida, para quem tem o alcance e foco na essência do significado, o trabalho se torna a forma de realizar e pertencer a uma missão, um sonho grande que ultrapassa de longe a sandice do próprio eu. Nesse caso, os meios justificam os fins. A etimologia da palavra trabalho, proveniente da Grécia antiga, significa fonte de vida.

O que há com nossa Terra, onde a lei deve ser a forma de conter nosso ímpeto de canibalizarmos a qualquer custo?

50 | ESPÍRITO ORGANIZACIONAL

O que há com nossa Terra, onde não confiamos aos nossos irmãos a incumbência de zelar por nossos diamantes?

O que há com nossa Terra, onde nos desunimos, nos polarizamos e segregamos em cristãos, umbandistas, candomblecistas, islâmicos, hindus, budistas, brancos, negros, pardos, índios; ximangos e maragatos, lenços azuis e colorados, abdicando da ética e da universalização?

O que há com nossa Terra, em que distorcemos a moralidade ditando aos indivíduos sobre o amor e a sexualidade, em um mundo com mais de 7 bilhões de filhos, logo, mais de 7 bilhões de significados, dos mais belos, para tais?

O que há com nossa Terra, que não dignifica e nutre seus filhos, e em cada esquina tememos o despudor de quem clama por migalhas de altivez?

O que há com nossa Terra, onde mesmo com tantos aparatos disponíveis para nos entretermos, existem cada vez mais súditos perdidos na busca por significado e felicidade?

Digam-me, o que há com nossa Terra? Convido todos a refletir.

3.2. LIDERANÇA POSITIVA

Ótimos líderes devem conduzir o crescimento. Mas isso não é tudo. Devem também focar em desenvolvimento e sustentabilidade, ou seja, garantir que a progressão seja tanto quantitativa quanto qualitativa. Isso significa crescer preservando a integridade dos recursos humanos e naturais que geram a capacidade produtiva. Ademais, é fundamental a ética. Ela faz com que cada porta que abdicamos permaneça aberta; gera confiança, logo aportes em todos os sentidos. Ética é o respeito à universalidade, onde o ego abdica dos julgamentos e da identificação com a forma, e o respeito a todos é pleno, na condição de não prejudicar o espaço ou existência do próximo.

Em se tratando de capacidade produtiva, ela consiste no equilíbrio entre as cinco dimensões de nossa vida, partindo do princípio de que essas estão interligadas em forma de rede, e uma dimensão em desorganização pode pressionar toda espiral para uma direção descendente. São elas: trabalho, família, saúde física e mental, espiritualidade e sociabilidade. Um bom líder tem a perspectiva da vida das pessoas considerando esses fatores como capacidade produtiva, logo, desenvolvimento e sustentabilidade. De que adianta estar com os cofres cheios e o coração vazio, mendigos de alma, afeto e significado, ou seja, no que se faz legítimo na elevação da vida?

A condição de equilíbrio deve nos alocar em estado de consciência para contemplarmos em perspectiva as dimensões da nossa homeostase. Não somos apenas uma dimensão; nossa existência demanda performar diversos papéis, e se compõe por fases e ocasiões. É normal e necessário que em cada fase ou ocasião estejamos, por necessidade ou desejo, mais focados e centrados em alguma determinada dimensão, todavia transitando

ESPÍRITO ORGANIZACIONAL

de forma diligente e fluida entre todas as cinco, sem perder nenhuma do escopo do radar da consciência, tendo em vista que essas se comportam como uma matriz interdependente, no qual um elemento retroalimenta o outro positivamente ou negativamente. Muitos indivíduos acabam centrando ou bitolando a vida em apenas uma dimensão, geralmente por uma busca limitada e ilusória de identificação ou significado, abdicando e negligenciando as demais, que por consequência ocasionam sua deterioração, que se inicia aparentemente focalizada, mas tende a se tornar sistêmica. Nossa cultura clássica determina uma abordagem reducionista perante a própria vida, nos limitando a sermos pouco ou, ao menos, independentes em algumas coisas, e dependentes em outras que são aspectos vitais. A expansão das nossas dimensões funcionais outrossim atua de maneira sistêmica, pois o incremento de compreensão da realidade se dá quão mais universal for o campo de visão. Todos nós temos um pleno potencial de viver de maneira ampla e integral, ainda quão mais universal nossa capacidade de percepção, maior a capacidade de transcendência e desempenho perante nossos papéis e dimensões específicas.

Existe uma correlação positiva entre produtividade e nível de pressão imprimida, desde que essa não atinja o ponto de exaustão, pois este gera a morte da capacidade produtiva e um grande desequilíbrio. Na natureza, todo ser vivo sob ameaça à sobrevivência por pressão e escassez de recursos reage com proliferação de qualquer modo a qualquer custo. Plantas buscam gerar sementes, logo frutos, mas sem nenhuma qualidade; homens muito povoam países pobres e subdesenvolvidos.

O sistema límbico cerebral controla nossas emoções e comportamentos sociais, ou seja, gera os impulsos mais poderosos nas tomadas de decisão. Ele quer saber o porquê, não o como. As emoções são mais fortes que as razões. Isso explica por que a Coca-Cola é líder global mesmo com a Pepsi ganhando a maioria dos testes cegos de sabor, pois ela faz o cérebro límbico pulsar. Quando se retira a emoção por meio do teste cego, o sabor importa mais, mas não é suficiente para a tomada de decisão do consumidor. Excelentes líderes fazem o cérebro límbico da equipe pulsar por meio do compartilhamento de um significado, de um sonho grande.

Nesse sentido, eu gostaria de realizar uma interpretação da Pirâmide de Maslow. Essa teoria aponta que a necessidade humana progride de uma base até um topo em formato piramidal (afunilado), na seguinte sequência: fisiológicas, de segurança, sociais, estima e realização pessoal. Essa teoria infere muita coisa. Nos níveis médios e altos de uma organização, uma imensa parte das pessoas se encontra na necessidade da busca por estima, ou seja, aceitação e validação. O problema desse estágio consiste em que o foco dos indivíduos se concentra na busca por autoafirmação, em um estado de insegurança que origina a comunicação reativa ou defensiva, logo, a pobreza de ideias e resultados. O grande líder está no topo da pirâmide, e puxa a equipe gradualmente para a mesma posição, que é o foco na realização da missão, se libertando da mesquinhez da preservação do ego, o que paradoxalmente é o estado mental e espiritual que de fato obtém a estima de maneira natural e espontânea. Sair do estado de viver pela busca de aceitação frente ao raso julgamento social representa o estado de independência e libertação; o topo da pirâmide representa a interdependência, e, logo, a espiritualidade genuína. Exímios líderes nunca estão conformados, sempre tentando puxar as pessoas a cada dia para cima.

Partindo desses precedentes, devemos transcorrer entre a liderança legitimada e a por autoridade. A motivação por poder é o que leva a maioria dos líderes a galgar tal posição, porém essa está centrada no poder de agir e transformar, ou na alimentação do ego, *status* e em controlar os outros? A primeira questão a ser refletida é: por que você quer ser um líder? Se a resposta for pelos primeiros fatores, parabéns, você terá grandes chances de conduzir um processo de desenvolvimento; caso contrário, o declínio. Geralmente, os ótimos líderes obtiveram tal posição por meio, não por finalidade. Eles não tiveram interesse em se provar ou afirmar, mas sim uma ação de tremenda paixão, direção e entusiasmo; se esse meio não flui naturalmente, já comecemos a nos preocupar. Lastimosamente, é comum observarmos no cenário político e organizacional as pessoas ascenderem à liderança não por seus méritos e competências, mas sim pelo maior esforço e foco no conchavo político. Esse ciclo se torna contínuo à medida que os líderes antecedentes apreciam quem reforça e bajula suas crenças preconcebidas, tornando esse fluxo linear e vertical.

Certa vez, o exímio músico francês Mano Chao, questionado sobre os melhores músicos que já conheceu, disse: "Eles estão pelas ruas, esquinas e bares", conotando que a projeção não necessariamente brinda os maiores talentos, mas sim os que meramente se enquadram no jogo de saciar o gosto do poder político e cultural vigente, que não representa necessariamente o mérito do conteúdo, mas sim do ajustamento ao banal.

Nossa cultura conduz os indivíduos a crer que o estado de independência, o qual existe nas dimensões financeira, física, intelectual e emocional, representa a plenitude. Porém esse estado é apenas a metade do caminho; a segunda metade é a interdependência. O estado de independência se condiciona ao suficiente autoconhecimento, identificação de e com nós mesmos, para sabermos o que queremos e nossos objetivos, por meio da consciência clara de nossos sentimentos, necessidades e desejos, bem como a edificação própria e sólida do nosso sistema de valores, que nos credencia o poder de agir. A finalidade da independência é fundamental, todavia nos limita ao egoísmo e autocentrismo. Em se encontrando no estado independente, assim não apoiamos nas interações a projeção de nossas inseguranças e necessidade de estima externa, mas sim aprendizado, ensinamentos, escuta e expressão com foco em crescer, evoluir e realizar, ou seja, nos encontramos preparados para relações genuínas e autênticas de mútua agregação intelectual e espiritual, onde se busca a obtenção do bem comum por meio da empatia. A transição para interdependência resulta no sucesso e sinergia coletiva, condição para uma realização realmente ampla e importante. A independência é pré-requisito para interdependência, pois sem ela o processo de comunicação autêntica é bloqueado.

Nesse mesmo sentido, a empatia é o estado evolutivo da opinião; opinião é a evolução da posição. Posições são identificações dogmáticas sem capacidade de retórica, reforçadas pela cultura de coerência, onde se predomina a crença limitante de que mudar de visão ou paradigma representa fraqueza. As coisas são como são, por meio do empirismo sem embasamento. Certa vez, uma menina observou que, sempre que fora assar um pernil, sua mãe cortava a ponta do osso antes de levar ao forno, e resolveu questionar: "Mãe, por que corta a ponta do osso?". Logo, a mãe respondeu: "Porque sempre foi feito assim por sua avó e bisavó, e veja como sempre fica delicioso". Inquieta, a menina foi perguntar a sua avó e obteve: "Sua bisavó sempre fazia assim". Por fim, se dirigiu à bisavó e finalmente saciou sua curiosidade: "No meu tempo, os fornos eram menores e precisávamos cortar a ponta do osso para que a peça coubesse". Todos, exceto a bisavó, estavam se esforçando para a menina se conformar que as coisas são porque são. Uma conduta baseada em posições geralmente está associada ao apego dogmático concebido pelo fenômeno da transgeracionalidade, as heranças culturais passadas de geração a geração via transmissão inconsciente. Um dos cuidados a serem tomados com esse fenômeno é de que por meio do tempo vamos nos distanciando dos propósitos originais das coisas e de nossas ações, portanto, essas devem ser transcendidas constantemente por meio da nossa consciência.

Opinião consiste em buscar entender por que as coisas são como são baseados somente na nossa limitada bolha de perspectivas e experiências, logo, capacidade de perceber o mundo. Confere razoável ou alta capacidade de retórica e o ponto de partida para uma desejada discussão aberta visando expandir a bolha e maior aproximação com a realidade. Empatia é a busca da compreensão da realidade à luz das perspectivas e experiências nossas e dos outros, permitindo abordar os outros sem julgamentos, mas sim partindo do princípio que possuem muito a aportar por meio de seus sentimentos e necessidades, provindas de outras experiências, logo, perspectivas. É o estado de plena riqueza e edificação positiva. Exímios líderes também conduzem esse processo evolutivo em pessoas. Infelizmente, na sociedade e nas organizações, a maioria dos indivíduos se debruça na crença das posições, grande parte das opiniões, e apenas uma minoria lança mão da empatia genuína. Vide o nível pífio da discussão política no Brasil e no globo.

Ao final de um diálogo autêntico, aberto e puro, podemos tranquilamente discordar da opinião do outro, porém sempre respeitando e defendendo seu absoluto direito de livre pensar e expressar, desde que não degrade a convivência ou espaço do próximo. Na sociedade do politicamente correto excessivo, tenta-se bloquear a livre expressão por esta representar muitas vezes uma ameaça à conveniência e ao *status quo* das lideranças, gerando-se desconforto. O líder positivo instaura a cultura do diálogo autêntico consciente, sobrepondo e transcendendo a tendência contemporânea de intolerância ao contraditório, que muitas vezes atinge o nível de fanatismo, reduzindo drasticamente a experiência e existência humana e sua respectiva capacidade de integrar com amplitude o universo.

Existe uma diferença fundamental entre o perfil de liderança e o perfil gerencial. O primeiro possui talento dominante focado na inspiração de pessoas, o segundo, na condução de processos. Existem departamentos com atributos criativos e exotéricos, como *marketing*, vendas, pesquisa e desenvolvimento, que demandam o perfil de liderança; e existem os atributos esotéricos mais relacionados a processos, como financeiro, administrativo e suprimentos, que demandam maior aptidão gerencial. Evidentemente, o profissional de alto nível goza do domínio dos dois perfis.

Todos nós possuímos um potencial líder, independentemente da posição. Basta ser um metamodelo e ter a capacidade de influência positiva sob alguém. Metamodelos são aquelas pessoas importantes em nossa trajetória, ou seja, que importam. Importar, segundo a etimologia, significa o que trazemos para dentro, no caso de nós, incorporando virtudes e aspectos que admiramos. Para incorporar se faz necessária humildade, ou seja, permanecer como um embrião aberto a novas ideias e paradigmas, logo, aprendizado. Caso não se disponha de tal virtude, o processo de importação se atravanca em dogmas, arrogância ou cultura de coerência, gerando seres que nascem, crescem e morrem com paradigmas, comportamentos e ações lineares horizontais.

Verdadeiros líderes não formam seguidores, formam outros líderes, seres independentes e interdependentes, que absorvem *feedback* com atitude proativa. Não falam apenas o que os outros querem ouvir, pois estão de fato comprometidos com os demais, desse modo, elevam o poder de ação de um grupo e formam constante renovação de talentos revelados, um tipo de problema positivo na organização, e que deve gerar o sentimento de realização do mentor. Líderes que não formam um *pipeline* de novas lideranças são como frutos sem sementes, que, ao perecerem, colocam em risco a perecibilidade da organização e sua sustentabilidade.

Perante os verdadeiros líderes que obtêm autoridade, é saudável nutrir sentimento de admiração, não idolatria. A idolatria conota uma relação de dependência, na qual o indivíduo se coloca em posição total ou parcialmente cega, terceirizando seus paradigmas e verdades perante a realidade e o universo, assumindo uma conduta de abdicação do senso crítico e a persistente afirmação dogmática das crenças preconcebidas do líder. A admiração é altamente saudável na medida em que confirma a caracterização de uma relação de alta qualidade que expande paradigmas por meio da modelagem, em que a arte consiste em perceber que nenhum indivíduo é absoluto, em contrapartida, muitos possuem um repertório de virtudes provenientes de programações mentais bem desenvolvidas as quais podemos e devemos importar para dentro do nosso caráter e personalidade, e adaptar, aprimorar. Não à toa, se quer a excelência, conviva com os excelentes, não em vias de copiá-los, mas sim de agregar suas virtudes a melhor versão de si, com autenticidade. Desafortunadamente, na sociedade, existem muitos líderes idolatrados por posicionamentos moralizadores tão somente, em vez de suas ideias, projetos e atividades de gestão.

Um dos fatores-chaves da construção motivacional é o fluxo de informações, que atua na visão de processo e da perspectiva de pertencimento e papéis dentro do propósito maior. Informações geram conhecimento; conhecimento e prática geram domínio; conhecimento, domínio e compartilhamento geram maestria. A condução desse fluxo gera líderes doadores de frequência, influindo na atitude provinda da pulsação emocional das pessoas, que devem ser instruídas a raciocinar e agir como se vestissem o chapéu de donos do processo, mudando toda a perspectiva e qualidade da atuação. Certa vez, uma profissional de limpeza da Nasa foi questionada sobre seu papel. Sem hesitar, ela respondeu: "Estou ajudando o homem a conquistar o espaço".

Em complemento ao tema já abordado sobre treinamento e desenvolvimento, devemos incluir a visão de processo como mais uma abordagem e objetivo. Ademais, sabemos que cada indivíduo possui maior habilidade

ESPÍRITO ORGANIZACIONAL

na utilização da face racional ou emocional do cérebro. O profissional de alta *performance* tem o discernimento e controle para transitar em alto nível entre as duas, sendo a elevação da face mais limitante também componente do seu processo de desenvolvimento humano. Por exemplo, seres com orientação racional e analítica tendem a ter menor ousadia para assumir riscos, o que é fundamental para saltos de crescimento; e sujeitos muito emocionais tendem a ser mais desorganizados, impulsivos e com maior dificuldade de resiliência. A plena combinação entre razão e intuição resulta em ousadia gerida e responsável.

Como de conhecimento tácito, os seres humanos utilizam uma fração muito pequena da capacidade cerebral e mental, de onde provém toda nossa subjetividade. À medida que logramos a expansão da consciência, do mesmo modo ampliamos nossa conexão com o universo, e o discernimento passa a estabelecer um diálogo involuntário com aquilo que transcende a razão, os dados e fatos, que muitas vezes são limitados, e passamos a tomar conclusões, logo, decisões e ações também por meio do majestoso enigma da intuição. De alguma forma, passamos a sentir e perceber as coisas de maneira muito além da forma, das palavras, do explícito, e nos tornar visionários perante os fluxos das interações. Essa é a mágica daqueles que conseguem desempenhar e realizar de maneira mais independente das informações e dos dados concretos, que, não raramente, estão indisponíveis. Refere-se à capacidade de perceber os indivíduos além da personalidade. A busca do grande líder vai muito além do tecnicismo e dos limites impostos pela cultura, ela se concentra na expansão da consciência, que suscita um titânico aliado à assertividade, o poder de intuir.

A expansão da consciência completa engloba uma relação de complementariedade e plenitude entre o auto e o heteroconhecimento, a conexão com o mundo externo, o universo, tendo em vista que ambos podem estar presentes de maneira isolada no ser. Um sujeito pode ser pleno consigo, todavia possuir dificuldades em se conectar com a realidade externa, ou altamente bem-sucedido perante as externalidades mundanas, entretanto desorganizado internamente. Mediante a busca por conhecimento e transcendência, obtemos a gratificante dilatação da consciência, que consiste em tornar consciente o inconsciente e desconstruir nossos pontos cegos, tornando a jornada da vida repleta de realizações e bem-estar. Nesse processo, a absorção de críticas e *feedbacks* bem postados assumem uma contribuição colossal, sendo a gênese da grande importância de buscarmos estar rodeados de pessoas com elevado nível de inteligência e consciência, e, obviamente, bem-intencionadas perante nós. Desse modo, o movimento de dilatação da lucidez se converte em uma espiral positiva grupal.

Retornando ao tema da capacidade produtiva, existe uma confusão ao se relacionar rendimento com mente hiperacelerada, que gera tensionamento e sobrecarga emocional. A maturidade significa o controle desses dois fatores por meio da constatação de que o seu tempo não é o tempo do mundo. A crítica depreciativa atenua e aproxima o ponto de exaustão, e o reforço positivo o distancia. Reforço positivo significa reconhecer resultados e esforços, guiar em vez de julgar.

Desempenho é resultado, foco nos objetivos e metas. Meritocracia é premiar desempenho. Ser justo é tratar os diferentes de forma igual ou diferentes de forma diferente?

Certa vez, uma águia (Á) perdeu seu ovo nos arredores de um casebre em um sítio. Ela cresceu em meio aos pintinhos, crendo que era um deles: ciscava farelos, comia minhocas e dava passos curtos. Após três meses, um camponês (C), ao ver a cena, foi dialogar com a águia:

C: "O que faz aqui no meio dos pintinhos?"
Á: "Ora, essa é minha família, meu *habitat*, sou um deles!"
C: "Não, você pode muito mais: voar alto, para onde quiser, explorar, caçar alimentos deliciosos, se renovar!"
Á: "Você está louco, sou um pintinho!"
C: "Vou mostrar para você!"

Nessa hora, o camponês colocou a águia dentro de um saco e se dirigiu ao topo de uma montanha. Chegando lá, retirou a águia do saco e a arremessou. A águia, desesperada, ao ver aquele movimento, apenas disse: "Eu não sei voaaar... Deus!".

60 | ESPÍRITO ORGANIZACIONAL

Muitos líderes advogam que seus liderados devem pensar fora da caixa, inovar, mas, na verdade, por vezes são pseudoinovadores, pois essa atitude e palavra são aliados positivos de uma falsa imagem. Na prática, antagonizam o processo, pois os remete a saírem de suas crenças preconcebidas, e transitar em terreno desconhecido gera desconforto e insegurança, um abalo ao ego. A inovação depende de independência, logo, autoconfiança, na qual tais sensações devem ser justamente o que nutre o ímpeto de ir além e se sobrepor aos próprios limites. Transcendência pode significar desconforto ou conforto, dependendo do nível de maturidade do indivíduo. Para sair fora da caixa, inclusive, o tutor não pode temer trazer à equipe profissionais que sabem mais do que ele, assumindo o papel de expandir. O estado de insegurança e autoconfiança limitada, inclusive, leva à procrastinação das tomadas de decisão difíceis, uma vez que estas podem gerar exposições, julgamentos e conflitos de interesses, que são episódios naturais do processo. Nem mesmo Jesus Cristo agradou a todos.

Talentos gostam de trabalhar com talentos, medíocres com medíocres. Talentos se desafiam o tempo todo, e se comunicam de forma autêntica. Apreciam mais informalidade, contato humano, liberdade e flexibilidade. Identificam-se apenas com um sentido: o propósito, a missão, o grande sonho global. Incomodam-se com o excesso de barreiras e rigidez no caminho que atrapalham o ímpeto por realizar. Medíocres baixam as estacas e se conformam com elas; por suas inseguranças, formam corpos que mais agem por defesa e apoio mútuo do que pelo rendimento e resultado. São as paredes das caixinhas corporativistas dentro das corporações. Apegam-se demasiadamente aos processos burocráticos enquanto fim, não meios. Com baixo senso de propósito e de responsabilidade, lavam suas mãos ao seguirem regras determinadas, pois abdicam do senso crítico ao avaliar seus sentidos e efetividade. A atitude dominante dos primeiros é proativa; a dos segundos é reativa.

Medíocres têm dificuldades de trabalhar com talentos, pois os primeiros gostam de viver na zona de conforto e dentro da caixa. A expansão da consciência depende de flexibilidade; corpos rígidos possuem alta resistência à expansão, o que gera dor e desconforto. Por isso, tendem a formar corpos e equipes com homogeneidade no mesmo nível, e, na prática, quem se atreve a expandir os paradigmas é podado, e, ao persistir, sabotado. Nessa ecologia, um "corpo estranho", diferente, é expelido do meio. Muitas vezes, esses corpos são grandes talentos que desaparecem, frustrados. Todos de volta à caverna.

Esses seres, portanto, se apegam e identificam com o aspecto burocrático, o processo pelo processo, e não o processo como ferramenta eficaz e enxuta para o propósito estratégico dos negócios; inseguros, para obterem maior sensação de controle, se amarram de maneira exacerbada a procedimentos. Essa fixação ocasiona a estagnação por aversão a mudanças, inclusive por ação do ego, por necessitarem construir estima de maneira inconsistente, pois quem sabe menos, como própria construção da ignorância, geralmente se convence de que sabe muito; e quem sabe mais justamente desenvolve a consciência de que tem muito a expandir e aprender, se permitindo explorar o novo com riscos calculados. O aspecto burocrático, identificação com o processo pelo processo, é como um marceneiro se identificar mais com o martelo do que com o valor da cadeira que vai construir.

Um dos grandes cuidados de se promover profissionais ao *status* de liderança em áreas estratégicas devido somente as suas elevadas competências técnicas consiste nesses indivíduos não conceberem que o seu papel mudou; o perfil com dominância exclusiva tecnicista possui inclinação ao estamento burocrático, portanto deve tomar cuidado para não entediar suas equipes e as fazer perder de vista o foco nos negócios.

Nesse sentido, o papel do tutor transita entre ser um realizador e empoderar os outros a realizar com seus mapas mentais e fortalezas autênticas, transitando a evolução da capacidade produtiva dos indivíduos do burocrático-repetitivo ao estratégico-executor, ao solucionador estratégico-criativo. Repare que a fluência dessa progressão se relaciona com o estímulo que o líder concede aos indivíduos para desenvolverem pensamento e comunicação proativa; do mesmo modo, observe que esse avanço possui correlação linear com a construção da excelência individual e da equipe, e, por fim, do valor entregue ao público. Em áreas estratégicas de organizações com lideranças fluentes, por uma questão de acoplamento, integram-se pessoas inteiras, mas deveras o que se deseja e valora é o cérebro!

ESPÍRITO ORGANIZACIONAL

Liderança, a capacidade de realizar grandes feitos por meio do empoderamento alheio. Sob a concepção original humilde, se trata da oportunidade de desempenhar e construir nos âmbitos materiais, mentais e espirituais; influenciar e transformar positivamente a vida dos outros. Os sistemas universais brindam em abundância conexões ocultas entre os princípios dos elementos ecológicos, na maior parte das vezes imperceptíveis à consciência reducionista predominante nos seres. As espécies frutíferas são classificadas em climatéricas e não climatéricas, sendo as primeiras aquelas que prosseguem seu ciclo de maturação dos frutos mesmo após colhidos até chegarem ao nível ótimo de brilho, sabor e digestibilidade, como, por exemplo, a banana. As não climatéricas são aquelas cujos frutos que, quando colhidos precocemente, cessam ou inibem a continuidade do processo de maturidade, se mantendo verdes e amargos, sem atratividade, como ocorre com as laranjas.

Lideranças emergentes, ao serem alocadas ante tal oportunidade, podem assumir uma conduta climatérica ou não climatérica. Líderes climatéricos são aqueles que, uma vez conscientes da maior abrangência do seu papel, seguem intensamente buscando aprendizado técnico e comportamental por meio do desenvolvimento da consciência, dia após dia incrementando o autoconhecimento, proatividade e inteligência emocional para se tornarem indivíduos autênticos e interdependentes, em um círculo virtuoso de energia vital para, de fato, corresponderem em alto nível perante sua missão. Líderes não climatéricos conotam a liderança como uma estatura de poder, de maneira a, arraigados sob o domínio da vaidade, subjugar os demais e assumir conduta arrogante, fenômeno que ocasiona uma regressão aguda da consciência e capacidade de aprendizado ao estado de dependência extrínseca da validação do estado de ego que os viciou, em um círculo no qual quão mais o ego sobrepõe a consciência, mais lançam mão de condutas de liderança ilegítimas ou contra a essência. É como se um capim tenro, que cresce a cada dia, altamente flexível aos tensionamentos e aos ventos, de repente se tomasse de lignina, e se portasse como um bambu rígido, que cindira frente aos ventos e tensionamentos; senhor da razão, escreve suas verdades com pedra, em pedra.

O narcisismo atua bem como o colesterol, possuindo uma face construtiva (HDL) e uma destrutiva (LDL). A perspectiva saudável HDL procede o narcisamento da equipe dentro do ponto ótimo, de empoderamento consciente da ação, permitindo ao líder legitimar seu valor e autoridade. A abordagem prejudicial (LDL) provém do narcisismo excessivo, na qual o líder busca sua legitimação às custas da submissão alheia a um nível de exigência exaustiva com esforços não devidamente reconhecidos, pois, nesse estado, o indivíduo líder está focado no seu próprio reconhecimento perante o público ao qual atribui valor. Por uma enorme parte das vezes, organizações ou equipes possuem altos níveis de rotatividade devido a líderes com narcisismo LDL, que, dependendo do nível, podem suprimir a motivação dinâmica ou até mesmo a estática dos profissionais, conceitos que serão definidos e abordados logo adiante.

Tendo em vista que a atração e retenção de talentos consiste em um elemento crucial da organização de sucesso, esse tema assume grande relevância, visto que, em outros termos, pessoas, na maioria das vezes, não abdicam de seus trabalhos, mas sim dos seus líderes LDL; e encontra-se uma correlação inversa no nível de talento e competência do sujeito com sua tolerância diante do nível de LDL dos tutores. Em contrapartida, líderes com Narciso HDL concebem a busca do clima emocional pleno como base precedente da confiança positiva, logo, o alto desempenho.

Ser proativo é concentrar as ações nos fatores dentro do nosso círculo de influência; é não ficar lamentando a conjuntura e as externalidades de que não temos controle como responsáveis pelos resultados, pelo contrário, é agir no que é possível para minimizar as vulnerabilidades perante essas, se não, assumir resignação e aceitação, não dissipando energia em fatores inúteis. Foca o diálogo e atitude nas condições em que se pode atuar e modificar. Ser reativo ou defensivo significa consciente ou inconscientemente colocar uma neblina sobre os fatores em que se é possível atuar e modificar, para ocultar a incapacidade de agir efetivamente sobre esses. Permanece a maior parte do tempo no círculo de preocupação, atribuindo aos fatores incontroláveis a responsabilidade perante o resultado, gerando uma atmosfera de impotência, potencializando os obstáculos e a angústia.

64 | ESPÍRITO ORGANIZACIONAL

Apontar problemas ou críticas sem apontar solução é reatividade, razoável para uma conversa de bar. Apontar as mesmas com soluções e ideais é proatividade, poder criativo e de ação. Proatividade geralmente é confundida com iniciativa, que também é uma atitude notável, porém, para se dar por completa, necessita-se de acabativa, assim também compondo o comportamento eficaz.

Sobre as terras leves e salgadas do deserto, que muito pouco retêm, assentaram-se comunidades. Sem água, sob o sol escaldante, como poderiam se alimentar, como poderiam prosperar? Se cruzassem os braços, padeceriam à inanição, ou esperariam até onde fosse possível alguma entidade do além levar os elementos essenciais à vida até suas mãos. Perante a carência do ensejo, Israel e seus intrépidos criativos fluidos sabiam que o clima era contingente, mas a proatividade era uma escolha. Desenvolveram e fornecem ao mundo as melhores tecnologias de irrigação, alentando a sede das plantas e a alimentação constante e diversa na mesa; no Peru, a proatividade ardente fez do deserto um exportador de hortaliças e frutas que geram bilhões em divisas, com destaque às pimentas picantes; na Califórnia, a proatividade multicores se tornou o maior fornecedor de frutas e hortaliças dos Estados Unidos, pintando de colorido os pratos e refrescando corpos e mentes. Canalizaram águas de oásis distantes e de degelos. Quando a proatividade se junta ao intrépido criativo, saem os melhores frutos. Estes parecem ter bebido o sangue dos guerreiros ancestrais; desconhecem o impossível, sem limites e fronteiras para sonhar e realizar. A proatividade e a criatividade estão ao alcance de todos, portanto, são escolhas. Basta encontrar os oásis e as águas puras congeladas da mente, e canalizá-los com dinamismo para o planejamento e a execução, não permitindo que sejam contaminados durante o percurso.

Quando a proatividade converge para a liderança em humildade essencial, ao se perceber o cometimento de uma falha perante o escopo, seguro e grato pela absorção de aprendizado, o líder, sem hesitar, serenamente abona, "percebo que estou equivocado, a responsabilidade é minha, e vou me aprimorar daqui para frente". Perante uma sociedade cheia de indivíduos que cinicamente não se assumem menos que perfeitos, essa conduta corresponde a um tremendo selo de qualidade e integridade; de quebra, vai construindo uma cultura de diagnoses autênticas das problemáticas que, em vez de as acumular debaixo do tapete, desenvolve diálogos abertos e funcionais com as cartas sobre a mesa.

Necessita-se discernimento para conhecer o limiar da zona de ação e influência da zona de preocupação. A zona de ação individual muitas vezes se apresenta mais restrita do que a zona de ação coletiva. Para transformações perante questões maiores e mais amplas, indivíduos dissociados se encontram em estado de resignação, porém, em se obtendo mobilização e coesão coletiva ou popular, esse mesmo estado se transforma em amplificação de poder. Tal movimento de ação proativa comunitária ou grupal depende de sujeitos e entidades em estado ou condição de, pelo menos, emancipação e independência. Esse movimento representa um dos motivos pelos quais os poderes e dinastias correntes possuem discurso cínico pró-educação, porém na prática agem pela contra-educação e coesão social ou grupal, pois essa geraria uma massa coletiva de indivíduos emancipados em proatividade gregária, em condição de responsabilidade e liberdade, aptos a fazer a revolução, que, por sua vez, dentro do conceito etimológico, representa revolver, mover o que está embaixo para cima. Sabendo disso, os donos do poder instauram a alienação e o estamento burocrático.

3.3. MOTIVAÇÃO CINÉTICA – O UNIVERSO SEM LIMITES

Automotivação, virtude essencial para a excelência. Contudo, existe ainda uma enorme energia potencial a ser alcançada e expressa por meio do dispor da motivação oriunda dos fatores extrínsecos que geram a completude do potencial humano. Estamos interagindo e recebendo estímulos do meio a todo momento. A capacidade de resiliência nos permite impermeabilizar ou neutralizar total ou parcialmente a ação dos estímulos negativos, frustrações, em nosso espírito. Estímulos positivos do ambiente catalisam a integridade da potência motivacional, sendo esses um papel fundamental das lideranças para se valer ao máximo do seu principal ativo, as pessoas. Em estado de motivação cinética, o universo pode se tornar sem limites.

Motivação é subdividida em estática (necessidade) e cinética (desejo). Motivação estática é regida pelos fatores de necessidades, pelos quais, ao serem atendidos, o indivíduo apenas obtém o estado de neutralidade, ou seja, o ponto zero, de não descontentamento. São estes: o conforto ambiental, segurança, estima, até mesmo o dinheiro, e as ferramentas para se realizar o atributo. Por exemplo: dificilmente um profissional de vendas irá pensar "hoje vou arrebentar de fazer negócios, pois estou dirigindo um ótimo veículo", todavia, se esse dispor de um veículo desconfortável, ou até mesmo não desfrutar do mesmo, o desempenho possivelmente será negativo e o profissional estará insatisfeito e sob tensão, sem vontade de continuar exercendo a função, apenas por necessidade. Excesso de incertezas em relação ao futuro também desmonta a motivação estática. Motivação cinética é regida pelos fatores psicológicos e de desejo, pelos quais o indivíduo obtém a real libido de agir e desempenhar na máxima potência,

ESPÍRITO ORGANIZACIONAL

como a autorrealização por meio da solução de problemas e superação de desafios. O desejo individual se integra e vai ao encontro do propósito maior da organização. Nesse caso, o profissional encontra significado, logo, a satisfação e motivação positiva. Por exemplo, ele pensa: "Não necessito ser uma referência na minha função, mas assim o desejo".

Quando convergimos o estado de consciência para suprimir crenças limitantes a uma supermotivação inabalável com foco, disciplina, dedicação e transpiração, estamos com a mente e o espírito aptos a nos levar a ser o que desejamos nos tornar. Mais de 90% das pessoas que desejam tocar piano com maestria, ao investirem suas primeiras tentativas com o instrumento, desistem sob as falsas constatações "isso aqui não é para mim", "eu não possuo bom ouvido para a música". Desde os maiores pianistas até esses que se subestimam, ninguém já saiu soando uma melodia sem muito transpirar. Dom é aquilo que você realiza com menos nível de esforço do que os demais, de maneira inata, e só. Habilidade desenvolve o dom. Não se tem, se adquire, com disciplina e esforço. Quando perceber que faz cada dia mais e melhor, a sensação prazerosa do resultado fará enxergar-nos a nós mesmos de maneira diferente, com outros olhos, mais autoconfiantes e empoderados; assim triunfam as grandes obras e os grandes feitos, fluindo em conhecimento, domínio e maestria, com estilo próprio e autenticidade. Superação é um elástico que esticamos a cada dia sem ele retornar à posição anterior. Grandes líderes estimam de maneira assertiva a capacidade de superação das pessoas, e as empoderam. Assim como em organizações, dispomos de um valor de marca pessoal estático, e um dinâmico, no qual a capacidade de superação consiste no agente chave na construção da renovação e incremento de valor de marca pessoal futura. Não sou mais o que era há dez anos, pois, a cada dia aprendi, aprimorei, me superei; minha marca própria ganhou supervaloração.

A graça do estado motivacional não se dispõe o tempo todo, é circunstancial. As pessoas mais dispostas e aptas a encontrar esse estado de maneira intrínseca em uma maior frequência de ocasiões no decorrer do exercício estão sob aguda possibilidade de vantagem e excelência de desempenho. Eis a importância de se exercer o que se aprecia e gosta para se atingir o ponto de excelência ou "*flow*". Ademais, existe uma importante inclinação do ser humano a estar mais bem-disposto frente a ofícios, ocasiões e pessoas sobre os quais possui maior domínio, reciprocidade e/ou habilidade, assim dizendo, maior sensação de conforto e segurança. Por outro lado, a sede humana, por desbravar novos conhecimentos, habilidades e experiências, baseada em desejos, objetivos ou sonhos, por meio da busca por sobrelevação gera para mais o estado motivacional, que pode chegar ao nível de obsessão quando o sujeito está buscando obstinadamente um objetivo sem medir ou tomar conhecimento das consequências dos seus movimentos.

Perante as incumbências necessárias e importantes, nas quais o indivíduo não se encontra em estado de motivação, surge a imprescindibilidade da expressão de outra virtude humana fundamental ao sucesso, seja em qual dimensão for: a disciplina. Os indivíduos que melhor dominam a motilidade entre os estados de motivação e disciplina estão em condições de plena superação por meio da disposição ao esforço. Creia, os esforçados vencem os grandes talentos quando os grandes talentos não se esforçam.

A formação de uma equipe grande por inúmeras vezes passa por um delicado processo no qual o líder deve estar atento e consciente para não perder o controle. Primeiramente, os membros se portam visando a obtenção de aceitação e afiliação ao grupo. Atingida essa condição, passam a buscar controle e estatura, momento no qual se instauram os conflitos disfuncionais, onde um não reconhece no outro tal posição, de modo que passam a se enfocar em uma relação de competição. Nessa hora se faz crucial o papel do líder para harmonizar os conflitos e fazer com que os membros compreendam o papel referencial que cada um exerce para se obter uma relação de sinergia. As fortalezas e virtudes de cada indivíduo devem assumir relação de complementariedade, tornando a equipe muito mais forte e funcional.

Exímios líderes alocam pessoas certas no lugar certo, e cultivam a diversidade em equipes: fogo, água e equilíbrio, a Santíssima Trindade original. Que assim seja, dentro de cada um de nós e das equipes! Grandes tutores não se limitam apenas a saber jogar dama; jogam xadrez, sabendo e agindo estrategicamente como cada peça se move rumo ao objetivo. Cada peça é composta por sua estrutura de personalidade e por sua capacidade de neuroplasticidade, que representa os aspectos mais moldáveis da pessoalidade. O primeiro representa a maior fração do que somos e é desenvolvido desde o princípio do nosso desenvolvimento, de onde vem a expressão "pau que nasce torno nunca se endireita"; como conota o próprio termo, as estruturas assumem baixo nível de predisposição à mutação ou maleabilidade, aliás, se tentar mudar uma matéria rígida e inflexível, ela rompe. Analogamente, em uma casa, se quisermos reformar a estrutura, muito provavelmente teremos de reconstruir a edificação. A neuroplasticidade representaria os acabamentos, que podem ser transformados e aprimorados com relativa facilidade. Os paradigmas provenientes das estruturas de personalidade das lideranças de uma organização edificam as bases da cultura organizacional. Muitas vezes para reciclá-las somente se lançando mão de um movimento complexo e profundo de desconstrução, para sim reconstruir um movimento que caracteriza revolução.

Grandes lideranças possuem a maestria de dilatar e desenvolver a fração da neuroplasticidade dos indivíduos, como refinar uma joia bruta, e discernir bem a diferença entre as duas estruturas. A neuroplasticidade, quanto mais ascendente e dilatada, melhor, pois maior é a capacidade da pessoa de se modelar e desenvolver conhecimentos, habilidades e atitudes que melhoram o bem-estar individual e coletivo. Um dos grandes fatores que inibem a modelagem positiva é a crença determinista, uma das formas de atitude reativa, que será abordado adiante.

Existem três padrões macrobásicos de perfil. O tecnicista, que é focado em procedimentos, detalhes, regras, protocolos, que são ferramentas e meios para se chegar a um objetivo ou requisito. Uma vez criados os processos, é exímio e fiel executor, com predominância da razão, dados e fatos. O sociável é focado em relacionamentos: extrovertido, carismático, gosta de conversar com gente diferente. Dificilmente deixa de priorizar o contato humano e uma conversa; toda hora é hora de cafezinho. Capacidade de conexão humana e afiliação o tornam um exímio vendedor e profissional de atendimento, fazendo que a satisfação e o bem-estar dos outros sejam o seu, com predominância de emoção e intuição, porém possui dificuldades com excessos de burocracia e processos. O perfil impetuoso é impaciente, agitado, rápido e multitarefas. Tem a frieza de realizar um objetivo sem pudor, sendo assim, age sob pressão, podendo atropelar princípios capitais e acabar sendo agressivo e coercivo. A maioria dos chefes provém desse perfil, que "baba quando fala". Evidentemente, em cada um de nós habita uma fração de cada estrutura, sendo uma delas a predominante. Fica o desafio de discernir, controlá-las e desenvolvê-las para dispormos dos recursos desejáveis de cada uma para serem acionados de acordo com a resposta que cada ocasião nos demanda.

Uma súplica: não aloque gente que não gosta de gente para fazer atendimento ao público. Pagar por um serviço e ser atendido como se alguém tivesse fazendo a você um favor é muito ruim. Simpatia e empatia já são uma grande parte do caminho para se satisfazer clientes.

O guitarrista solo Yngwie Malmsteen impressiona pela velocidade que executa seus arpejos; John Frusciante, da banda Red Hot Chilli Peppers, por sua harmonia e sentimento imprimido, gerando calafrios e fazendo o coração do ouvinte bater mais forte. São dois *shows* incríveis. Se pudéssemos hibridizá-los, conheceríamos o Deus da guitarra.

Perceba que a estrutura de personalidade possui uma relação frontal com a hierarquia e estrutura de valores da pessoa, que por sua vez pode alterar sua dinâmica de manifestação diante de diferentes circunstâncias, fases ou eventos ao longo da vida. Valores devem ser incorporados ou revistos; neuroplasticidade, a fonte de expansão da consciência.

Talentos são tipos de inteligência que dispomos e executamos com menor esforço do que a média. Pontos fracos são as inteligências que imprimimos muito esforço e obtemos pouco resultado. Dotes como o humor, empatia, linguística, intrapessoal, interpessoal podem ser definidos como talentos. Uma vida e carreira feliz e bem-sucedida significa desenvolver e repetir os papéis onde somos inteligentes, nossa condição única, e neutralizar os pontos fracos. Um erro comum nas lideranças consiste no foco em "mudar" pontos fracos, o que gera dor, angústia, depressão. Focar na tonificação das fortalezas é muito mais efetivo. A excelência se encontra no ponto de convergência daquilo que fizemos com paixão, habilidade e facilidade, onde nos encontramos aptos a agir na melhor potência e assumir progressivamente maiores níveis de desafio, buscando constantemente a superação sob o combustível da alta motivação. *"Find your sweet spot!"*. Ache seu ponto de energia vital!

Quando tratamos de atributos de competências (inteligências ou atitudes), devemos analisar outrossim a forma absoluta, e não somente a relativa. A relativa nos aponta apenas o perfil dominante do indivíduo, logo, seus valores e motivações, por exemplo: fulano é 20% tecnicista, 30% impetuoso e 50% amigável; beltrano é 40% tecnicista, 15% impetuoso e 45% amigável. Isso não necessariamente significa que beltrano é melhor tecnicamente que fulano. Isso só seria verdade partindo da premissa que o tamanho da pizza de competências é a mesma entre fulano e ciclano, o que é utópico. Fulano pode ter uma razão de característica tecnicista inferior a beltrano, porém ser muito mais competente que ele nesse atributo em forma absoluta, por ter uma pizza de competências de tamanho muito maior que o outro, em detrimento por exemplo ao seu esforço e atitude superior, portanto, devemos tomar cuidado com relativizações. Analise também o absoluto, que faz mais sentido em se tratando de desempenho.

Autoridade e excelência se obtêm com inteligência. Também com atitude, que depende mais de esforço do que talento, como, por exemplo, a dedicação, resiliência, profissionalismo. Atitude é correlata da motivação. Mesmo que seu concorrente tenha menos talentos, ele pode vencê-lo caso possua mais atitude. Com inteligência e atitude, os seres se tornam imprescindíveis.

As organizações se definem como um grande corpo composto por um conjunto de elementos denominados departamentos, que representam funcionalidades com vias a organizar e gerir as ações com o foco nas necessidades e desejos do mercado e/ou do seu público. São de natureza e essência absolutamente sistêmica, porém, em inúmeras ocasiões, distorcidas e reduzidas ao mecanicismo por meio de motivações políticas que reduzem os propósitos globais a desígnios minguados. Líderes de excelência conduzem a cultura organizacional e os profissionais a atuar sob visão sistêmica, não reducionista ou departamental. Os departamentos devem atingir o nível de independência por meio da proatividade e autenticidade, para assim conhecerem seus objetivos e definir prioridades. Atuar sob um departamento meramente independente pode representar uma perigosa zona de território confortável e sob controle, porém, os coloca em posição ilhada perante o propósito sistêmico, gerando senso de pertencimento, logo, de motivação insuficiente. Uma organização que busca a sustentabilidade e a vantagem competitiva dispõe suas relações interdepartamentais em estado de plena interdependência, estando assim em harmonia com sua própria essência, que por vezes é esquecida pelo automatismo do reducionismo burocrático.

O estado de interdependência entre os elementos da organização é conduzido por lideranças com aptidão para estabelecer a cultura de comunicação autêntica e plena integração interdepartamental, de maneira que todas as problemáticas, soluções, insucessos e sucessos dizem respeito a todos de maneira solidária, sendo os espaços departamentais os delimitadores das responsabilidades perante as ações dentro dos seus respectivos escopos. As programações departamentais que suprimem essa cultura se denotam ao fato de que os paradigmas de tais elementos se delimitam à perspectiva limitada oportunizada pelo seu respectivo escopo de ações, que possui contato parcial com a realidade. Quanto mais se fortalece a comunicação autêntica interdepartamental, a cada elemento se propicia ampliar e sobrepor seus paradigmas com outrem, tornando o encaminhamento da ação sistêmica progressivamente mais fluida e libidinosa na direção dos objetivos organizacionais. Cabe ressaltar que a disposição cultural intraorganizacional se reflete no posicionamento interorganizacional e mercadológico, assim dizendo, ao se obter a interdependência intraorganizacional, o mesmo movimento e estado perante os clientes e *stakeholders* se brindam de maneira natural. Grandes líderes transcendem o estado segmentário e se tornam agentes agregadores holísticos.

Permita-me compartilhar sobre a fascinante tese de Daniel Goleman, que aborda na obra *Leadership That Gets Results* os seis estilos de liderança, sobre os quais analisamos. São estes:

- **Coercivo:** "faça como eu estou determinando". O mais indesejado e contraproducente. Antiquado, da época dos coronéis patriarcas tradicionais, possui a crença de que ganha quem bate na mesa e fala mais alto. Cada vez mais, as pessoas são emancipadas e desprendidas, e necessitam "comprar" ideias. Flexibilidade é a virtude mais atingida negativamente, mata novas ideias de outrem, fazendo com que as pessoas se sintam desrespeitadas e desvalidadas, evaporando o senso de responsabilidade e pertencimento ante a *performance* e os objetivos, que são princípios primários da motivação. A equipe esquece da missão, e subliminarmente, com receio e tensão, concentra a energia em sabotar o líder. Somente se faz necessária no caso de imaturidade aguda dos executores, porém, à medida que as pessoas se tornam conscientes, os efeitos colaterais são destrutivos. Coerção se faz necessária, nesse sentido, tão somente para evitar danos e prejuízos provenientes de ações inconscientes de um público imaturo, ou seja, um mal por vezes inescusável, que onera prejuízos à compaixão.

- **Abalizado:** "venha comigo". O perfil mais brilhante; por ser visionário, gera confiança em uma direção clara e entusiasta, com expectativas e recompensas claras, tanto psicológicas quanto materiais. Transcende a missão com conceitos, inspirando pessoas a manobrar seus próprios significados, empoderando o comprometimento com a inovação, experimentação e riscos calculados, uma vez que a visão de estratégia é avalizada e encarnada. É chave no desenvolvimento quando as transformações requerem novos paradigmas e atitudes. Porém, devido à alta capacidade de atrair admiração pela capacidade de persuasão e enxergar além dos outros, deve tomar cuidado para não se tornar arrogante.

- **Afiliativo:** "pessoas em primeiro lugar". Gira em torno de relacionamentos e pessoas com lealdade, de coração para coração, desempenhando *rapport* e empatia de maneira inata. É aberto, portanto compartilha constantemente ideias e inspiração com abordagem positiva, tendo efeito poderoso na comunicação, com *feedbacks* profundos e edificantes, e na motivação, na qual é mestre também por doar alto senso de pertencimento. Preza por conceder a liberdade, para as pessoas darem sua "cara" e seus traços no que fazem, abrindo caminhos para uma habitual inovação, inclusive pela confiança construída entre os membros "amigos". Com suas fortalezas emocionais e cuidados nutritivos, é imprescindível para curar feridas na equipe, e motivar pessoas perante situações de estresse. Não se conforma com conflitos e busca incessantemente a harmonia, muitas vezes colocando valores e emoções individuais acima das tarefas e objetivos, por isso, deve tomar cuidado para não tolerar excessivamente a baixa *performance*, e sacrificar resultados em detrimento de evitar entrar em choque com pessoas. Esse estilo melhor aborda os indivíduos enquanto sujeitos, não objetos.

- **Democrático:** "dou a voz de decisão à equipe". Conduz responsabilidade e flexibilidade, gerando continuamente ideais renovados e mais realistas em relação à viabilidade das execuções. "Muitos cérebros pensam mais e melhor que um", portanto, são obtidos valiosos *inputs* da equipe, quando o líder tem a humildade de expor suas incertezas. Evidentemente, essa atitude faz mais sentido com equipes com alto nível de informação, maturidade e inteligência, do contrário, é como colocar um primata para guiar o barco. Se faz importante quando há necessidade de "criar consenso na compra", aumentando o senso de corresponsabilidade. Todavia se deve tomar cuidado para evitar perder tempo com divagações inúteis, e a equipe não sentir fraqueza e insegurança no tutor, um estopim para conflitos disfuncionais.

- **Super-ritmo:** "demando elevados padrões de desempenho". Obsessão por fazer melhor e mais acelerado; não se resigna a quem não o faz. Obviamente, nessa atmosfera apenas se adaptarão grandes talentos com alta capacidade de trabalho e autonomia. O problema é que essas galinhas dos ovos de ouro, por evidente, são a minoria em um grupo. As galinhas dos ovos de prata e bronze, comuns, maioritárias, provavelmente sucumbirão por exaustão e desequilíbrio, sendo essa abordagem destrutiva ao clima. Outro revés é que esses líderes orientam predominantemente as pessoas a tarefas e execução, tendo muitas vezes que inferir implicitamente a expectativa do líder, cuja programação

76 | ESPÍRITO ORGANIZACIONAL

mental sentencia: "Se devo dizer a você o que fazer, não faz sentido estar aqui"; o que, evidentemente, aniquila o senso de responsabilidade e propósito. Nessa atmosfera inflexível, pessoas pouco estimuladas a pensar, inclusive por medo de julgamentos depreciativos, ficam sem direção na presença do líder, e perdidas em sua ausência.

- **Instrutor:** "desenvolver pessoas vale mais do que as tarefas". Mais conselheiro do que qualquer outra coisa, os *feedbacks* e instruções são abundantes, bem como os ouvidos empáticos. Falhas e experiências são consideradas válidas se resultarem em aprendizado, objetivo que pode sobrepor o desempenho de curto prazo. Pessoas sentem diligência por parte do líder, e conhecem as expectativas frente a seu papel no processo e estratégia macro. Tal expectativa também gera uma contrapartida de comprometimento: "Eu acredito em você, invisto em você, portanto, espero seu melhor esforço". É importante na melhoria de *performance* das pessoas, construindo melhor nível de resultado em longo prazo, bem como atuar em desenvolvimento de talentos visando sucessões programadas. Porém, se esse líder não dispuser de *expertise*, pode atenuar ou antagonizar o processo.

Os líderes positivos combinam as fortalezas do abalizado, afiliativo, democrático e instrutor, sobretudo pela capacidade de construir o clima organizacional ideal, que, apesar de difícil mensuração direta, é responsável por, pelo menos, um terço do resultado dos negócios. Potência no abalizado e afiliativo gera os melhores e mais eficazes líderes, mas essa não é a mágica final. Afinal, qual o melhor estilo? A liderança fluida!

Ou seja, uma vez que cada estilo possui pontos fortes e fracos, uns mais e outros menos, o grande líder, preciso e assertivo, possui alta habilidade de transitar em alto nível entre os estilos, de acordo com a capacidade e sensibilidade para discernir qual atitude cada ocasião demanda que se lance mão. Podemos chamar esse conceito de liderança fluida ou estilo ocasional. Para tal nível de competência, se faz necessária alta plasticidade e ausência da crença determinista, que será definida na sequência.

Para empoderar grandes equipes, grupos que "voam" são de extrema valia construir uma estrutura de membros com estilos, habilidades e atitudes diversas e complementares. Líderes inseguros podem temer a diversidade, pois no fundo preferem aqueles que concedem viés de confirmação às suas ideias: "Se eu digo que isto é um copo com água, prefiro que todos concordem que isto é um copo com água, pois assim fico mais confortável e meus paradigmas são afirmados". A diversidade em tipos de inteligência, habilidades e atitudes, bem como o estímulo à cooperação ao invés da competição, estimula o aprendizado por meio da modelagem, onde todos se satisfazem em doar e receber conhecimento e inspiração. Quando temos a referência técnica, a referência interpessoal, intrapessoal, decisória e processual, com solidariedade genuína, a equipe torna-se naturalmente com o tempo um *mix* com fortalezas tonificadas e fraquezas neutralizadas. É como cozinhar carne com molho de tomate: a carne absorve o sabor da fruta, e a fruta incorpora o sabor da carne. É relevante que a maioria seja otimista e entusiasta, porém os pessimistas "pés no chão" são significativos para apontarem os riscos a serem calculados e armadilhas a serem desmanteladas. A princípio, tamanhas diferenças de paradigmas podem parecer caóticas, entretanto, o líder deve possuir a habilidade de, com o tempo, passo a passo, alinhá-las à equivalente visão de paraíso, demonstrando como é possível por meio de uma direção clara e do exemplo por meio de atitudes.

Como complemento à sinergia fidedigna, os objetivos relativos a metas de desenvolvimento e desempenho pessoais devem assumir viés não somente individual, mas também coletivo, como "o resultado do grupo", bem como a partilha de conhecimento oriundo das experiências e aprendizado. Nada mais gratificante do que uma oportunidade de maestria, transmitir conhecimento aos outros, pois esse é como vela, que se não seguimos acendendo umas às outras, uma hora o fogo se apaga. Desse modo, temos uma mágica: o resultado é maior do que a soma das partes. A saudabilidade da equipe se nutre de objetivos específicos, coerentes e claros, mitigando a possibilidade de conflitos disfuncionais em detrimento à subjetividade de expectativas, que pode

ESPÍRITO ORGANIZACIONAL

gerar sentimento de parcialidade e arbitrariedade, o que vem a minar a autoridade da liderança.

Reuniões e discussões efetivas promovem abertura de discussões para a fertilização de ideias e criatividade, sem se atingir o grau de divagação, e as fecha novamente no objeto focal que consiste em gerar soluções, em um movimento de sanfona harmônico e contínuo. Em um fórum brilhante, o ponto focal são as identificações de lacunas, dores, necessidades, desejos, necessidades e oportunidades do e para com o público interno e externo, bem como o compartilhamento de casos de sucesso internos e externos, que novamente abrem lacunas positivas. As ideias e soluções provindas passam por um processo de organização e, por fim, geram planos de ação, concebidos com criatividade artística e executados com motivação de excelência ou disciplina militar.

Não há sentido em ser centralizador, por motivos já implícitos e explícitos. Ademais, em uma abordagem centralizadora, se o líder "quebra uma perna", a organização também quebra. Bons delegadores também sabem jogar xadrez. São cientes das fortalezas das peças, bem como das alavancas que impulsionam as mesmas. A alavanca universal mais potente é o reconhecimento. Para fortificar cada componente, conhecem e agem sobre os sistemas representacionais, motivacionais e estilos de aprendizado dominantes dos membros, desabrochando e atingindo seus potenciais, obtendo um grupo mais otimista e resiliente frente aos desafios. Os sistemas representacionais, citados a seguir, são os sentidos pelos quais as pessoas têm mais facilidade e afinidade para absorção.

- **Visual:** a cognição, absorção, memorização, apreciação e a imaginação são por meio de imagens. Portanto, para esse, mostre. Necessita visualizar, e cultua a forma, o aspecto aparente. Geralmente gesticula na altura dos olhos, e usa uma linguagem que os manifesta: "vejo que chegarei tarde hoje", "minha perspectiva é de que será um bom jogo". A fala é acelerada, para acompanhar a velocidade das imagens que vêm à mente. Se quiser conquistar um visual, lhe dê um presente ou faça um passeio contemplativo, pois será mais efetivo que dizer "eu te amo" ou um abraço.

- **Auditivo:** a cognição, absorção, apreciação e imaginação se dão por sons, portanto, presta mais atenção à fala. Preza pelas palavras, tons e linguagem, bem como goza de apreço e talento especial para música. Aprecia o canto dos pássaros, o ronco do motor. Denuncia: "Isto me soa bem"; "a superioridade desse produto é gritante". Gesticula na altura auricular, com falas e gestos moderados, pois necessita escutar sua "caixa de retorno". Com esse, não invista tanto em presentes, viagens e abraços. Apenas diga "eu te amo".

- **Cinestésico:** a cognição, absorção, apreciação e imaginação se dão por sensações e pelo toque, portanto, necessita sentir, cheirar, apalpar, manusear, degustar. Gesticula na altura do ventre, como se estivesse "parindo" as palavras, que saem calmas, suaves, carregadas de emoção: "os números estão apertados"; "necessito algo concreto". Respira de leve, aprecia um bom banho. Derreta o coração de um cinestésico com um bom abraço, e um bom perfume. Cabe ressaltar que existem os anticinestésicos, aqueles que abraçam as pessoas parecendo que estão tocando em um sapo.

Compreender e se valer dos sistemas representacionais significa uma virtude chave dos excelentes negociantes.

Estilos de aprendizado, do mesmo modo, impulsionam *performance*. Provavelmente, lançar um analítico em revoada para desbravar novas situações será uma experiência negativa, pois esse se bloqueia em territórios desconhecidos, e muitas vezes não lida bem com o significado dos erros; executores gostam de fazer, e ir inquirindo, errando e acertando durante o processo; observadores contemplam e gostam de tomar o conhecimento do processo já estabelecido.

Por fim, o clima e a cultura organizacional constituem uma base fundamental para a obtenção de resultados econômicos, pois por meio dela se determina o empoderamento humano ao estado de *flow*, excelência, que, por sua vez, precede as melhorias de processo e desempenho.

3.4. COMUNICAÇÃO PURIFICADA – BOCA LEVA A ROMA; TODOS OS SENTIDOS LEVAM AO PARAÍSO

Por quantas horas investimos nossas vidas nas escolas e nas universidades (para aqueles que, em um país com estruturas perversas de acesso à educação, possuem esse privilégio), absorvendo certos tipos de conhecimento e desenvolvendo a inteligência acadêmica, para chegarmos na "hora H" de sermos funcionais, nos comunicarmos de maneira pífia e ineficaz, sem clareza para expressar, sem desvelo para ouvir, e sem sensibilidade para perceber os sinais do outro, a capacidade cognitiva.

Uma existência autêntica e livre passa pela busca por conhecimento e sabedoria. O primeiro não constitui completude, pois serve apenas como base de um repertório teórico e conceitual para se organizar e gerar ideias. Conhecimento aumenta o potencial de ação, porém nada adianta ser um erudito se não houver intervenção efetiva para melhorar o que se necessita. O segundo, sim, combina a capacidade de saber o que fazer e como fazer, o que exige habilidade e atitude (proatividade) para se tornar o teórico efetivo, necessariamente por meio da sensibilidade e da interação positiva com os demais indivíduos. Escolarização promove conhecimento; educação promove sabedoria. Sem educação e sabedoria, pouco adianta conhecimento e escolarização. Parte importante da educação objetiva desenvolver a capacidade de obter a conexão humana por meio de respeito e cordialidade, "saber chegar e saber sair", como a grande chave mestra para nos abrir grandes portas. As conexões humanas de maior qualidade são baseadas na manifestação do caráter, por meio da vazão genuína dos sentimentos e necessidades e inquisição dos mesmos proveniente dos outros.

82 | ESPÍRITO ORGANIZACIONAL

Organizações com diálogos sinceros e autênticos são as que despontam e de fato obtêm integridade. Engrandecem sua missão, transformando seus setores e o bem-estar coletivo.

A comunicação autêntica se baseia em empatia, não em posições e opiniões, e a base para tal é não ter como objeto focal convencer as pessoas de sua razão, mas sim explicar o porquê de você pensar como pensa, e inquirir essa mesma atitude nos demais. Desse modo, os sábios, aqueles que já transitaram a independência e a interdependência, enxergam esse processo como oportunidade de expandir a consciência por meio da humildade de se curvar a uma boa retórica e percepção de outrem. Nossos paradigmas e dos outros representam a visão parcial da realidade, nos quais, sobrepondo-os, obtemos maior lucidez. Devemos partir do princípio de que os demais possuem conteúdo significante a aportar.

Na pré-história, os seres humanos necessitavam compartilhar informações relevantes sobre as condutas alheias por uma necessidade de segurança, ou seja, perceber em quem se podia conceder confiança. No mundo moderno, essa cultura foi distorcida ao nível de vício, overdose, recheado de julgamentos perversos e desrespeitosos à universalização e à diversidade, o qual chamamos de fofoca. Fofoca é o antídoto para projetarmos nossas sombras nos outros. Portanto, pessoas fracas focam a comunicação falando de pessoas; pessoas interessantes falam de coisas; pessoas imprescindíveis dialogam sobre ideias, ou seja, focam em proatividade, criatividade e propósito de realizar, permitindo uma existência em uma frequência mais elevada para construir uma realidade melhor. Essas não vieram de passagem, vivem com altivez e deixarão legados.

Muito embora as diferenças culturais humanas formem personalidades e caráteres cujo maior valor é a identificação com o ego e a construção e preservação da identidade, nitidamente existe uma unidade universal humana que nos conecta, pois no fundo somos os mesmos, na busca por segurança, amparo, satisfação, validação e significado. Essa sobreposição significa a universalização e os propósitos comuns que nos conectam, sendo esses o ponto de partida de qualquer processo de comunicação purificada.

Existem sim diferentes programações mentais. Ao ver um belo hotel em Nova York, provavelmente eu pense: "Quero me hospedar aqui"; talvez Donald Trump pense: "Quero comprar esse empreendimento". Propósitos comuns representam o pré-requisito de uma comunicação de alto nível, caso contrário, estamos diante de conflitos de interesses, onde o foco está na consciência de que muitas escolhas representam uma perda, e de que a condição não escolhida tende a ser posteriormente percebida com valor superestimado, pois, como não se está vivendo essa, também não estamos vivendo suas dores e sombras. Em organizações, necessariamente estamos tratando de propósitos comuns. Essa é a base.

Expectativas claras, o que você espera de mim e eu espero de você formam o outro alicerce primário da edificação do diálogo. Muitas vezes, em abordagens imaturas, esse princípio representa uma barreira de comunicação, devido ao receio de ser julgado por dispor a outrem responsabilidades que no fundo podem gerar desconforto e desidentificação, deixando com que tais expectativas se mantenham na dimensão implícita e oculta, sendo assim a gênese de conflitos disfuncionais e confrontos. Diga-se de passagem, conflitos são produtivos e funcionais em indivíduos maduros. Se lançamos mão do diálogo sincero, deveras descobrimos as sobreposições e proximidades, ou a distância entre as ideias e os paradigmas; nos deparamos com a realidade concreta, caixa-preta muitas vezes ocultada e deixada de lado, gerando os tabus de comunicação que apequenam a vida.

A origem da palavra sincera, do latim, significa "sem cera", ou seja, sem maquiagem, sem máscara. A referida cera significa a personalidade, o personagem que escarnamos no palco social da vida em busca de enquadramento, validação, reconhecimento e projeção. O diálogo sincero se desprende da *persona* e migra ao caráter e ao coração, assim gerando marca de percepção e inquisição da confiança e humanidade. Empatia genuína não provém da mente, pois ela automaticamente tende a realizar julgamentos. Sim, provém da essência, do coração. Cooperação e interconfiança partem da integridade e das intenções positivas perante o propósito comum; da expressão clara de nossos sentimentos, desejos e necessidades perante esses, o alinhamento entre o que sentimos e pensamos com a forma como agimos.

84 | ESPÍRITO ORGANIZACIONAL

Na época do *homo sapiens* primordial, dentro da sua caverna, esse primitivo, que já dominava o fogo, quando estava assando sua caça, ao se deparar com outro indivíduo desconhecido adentrando "seu" espaço, necessitava rapidamente concluir: "Este veio me exterminar e roubar meu alimento, ou veio com a intenção de agregar sua caça e partilhar?". Essa necessidade e capacidade de percepção foram vitais na evolução humana. Desafortunadamente, até hoje, parte dos indivíduos adentram nossas cavernas com intenções perversas, por isso, partimos do princípio da desconfiança, e a confiança deve ser conquistada, não clamada. A interconfiança moderna se depara, além da preservação da vida e da "caça", com a proteção da nossa identidade e ego.

A humanidade necessita mais do que nunca da sobreposição dessa crença ou fato limitante. Quando indivíduos ou organizações com propósitos comuns e competências complementares se conectam em cooperação, oportunizamos criar e dispor de soluções integradas que, com uma abordagem mais ampla e holística perante os anseios da sociedade e do público, geram maior capacidade de expandir o espectro de análise e tratativas diante dos elementos interligados de um mesmo sistema, propiciando maior nível de valor pela capacidade de desenlace perante questões que os mesmos sozinhos não o alcançariam. Organizações independentes, ao se tornarem interdependentes, possibilitam sim a revolução. Esse processo de cooperação e sinergia sobrevém da interconfiança, precedida pela marca de integridade e ética das organizações, feitas pelos seus indivíduos, logo, de agentes com perícia a conduzir a negociação ganha-ganha e empática. Você guarda meus diamantes, enquanto eu guardo os seus? O intrépido revolucionário necessita de coragem e honra! Que tal uma parceria entre sementes e fertilizantes para melhor alimentar o mundo?

Quem atinge o estado de integridade, independência e interdependência infere probidade no outro, não a malícia, até que se prove o contrário. Ao inferir ardileza como ponto de partida, levantamos defesas e justificativas, dissolvendo a comunicação proativa e a pureza sem necessidade. Perdemos a oportunidade da comunicação. Mesmo que outrem demonstre predisposição ao julgamento, ao demonstrar e de fato sentir que não nos afetamos com tal abordagem, também dissolvemos essa conduta no emissor, levando o diálogo a um nível superior de empatia.

Podemos ainda transcender esse estado de pureza e autenticidade da comunicação a um estádio ainda mais evoluído quando percebemos e atingimos o outro muito além dos quesitos de utilidade e interesse, reconhecendo e validando enquanto entes. Quando a relação transcende a utilidade, concebemos e agimos inclusive sob solidariedade, concedendo valor de maneira unilateral ao outro, sem o interesse primário de receber algo em troca. Esse corresponde ao estado da arte das conexões humanas de confiança, amparo e amor, gerando um prazer original na alma dos indivíduos aptos à interdependência em alto nível.

Um dos maiores venenos organizacionais é a comunicação reativa ou defensiva; um dos maiores tesouros é a proativa. Gostaria de identificar atitude proativa com a doutrina estoicista, que cultivava a "perfeição moral e intelectual inspirada no conceito de Apathea, que significa a indiferença em relação a tudo que é externo ao ser". Comunicação proativa se baseia em se desconsiderar a externalidade na qual não possuímos ação e controle sobre como determinantes de nossas condições ou resultados, concentrando a abordagem apenas nos imensos fatores que possuímos possibilidade de poder para melhorar, construir ou transformar a realidade. Abordagem defensiva, típica dos inseguros de si, consiste no foco em reclamar e condicionar os fatores externos incontroláveis como responsáveis por nossas condições e desempenho. Esses sugam energia: "A inflação neste ano subiu para 6%". E daí? Que medidas você pode tomar para neutralizar ou oportunizar esse fato? Apontar problemas ou reclamações sem trazer soluções e ideias são inúteis, típicos de um extravaso de mesa de bar.

Certa vez, em um vilarejo, saíram a passear ao sol um menino, seu avô e um burro, todos caminhando. Na primeira esquina, um grupo de pessoas comentou: "Que tontos, com esse sol, porque um deles não monta no burro?"; ao escutar tal crítica, o idoso passou a seguir montado no animal. Na seguinte esquina, outra aglomeração assim disse: "Que velho sem pudor, bem belo sentado no burro, enquanto a pobre criança sofre caminhando ao sol"; solidário com a desaprovação, o velhinho apeou e cedeu lugar ao guri.

86 | ESPÍRITO ORGANIZACIONAL

Na terceira esquina, ecoou: "Que menino mal-educado, deixando o pobre senhor se exaurindo nesse calor".

Uma das lidas mais fáceis na vida é criticar qualquer coisa, sem exceção. Os críticos são pseudointeligentes que acham uma grande coisa perceber o que há de errado em tudo. Imperfeição é a condição básica humana; buscar melhoria contínua é para poucos. Geralmente atrapalham, pois somente servem para dissipar a energia produtiva. Quem quer ajudar apresenta críticas com soluções embasadas e possíveis.

Ao receber um *feedback* como "você está com um feijão no dente", o reativo responde "e você está com uma alface", e, orgulhoso, segue com o feijão depreciando seu aspecto e o seu conceito. O proativo assume: "Muito obrigado pelo presente de ser diligente comigo e me impedir de seguir com esse problema que eu não estava enxergando"; logo, tira o feijão e volta a esbanjar um belo e verdadeiro sorriso. Devemos inquirir a realidade, e saber lidar com ela. A quem se machuca ou lida de forma imatura ao receber o presente de um *feedback* sincero e com boa intenção, denominamos "canela de vidro", revelando que necessita edificar mais consistência na estrutura de personalidade e caráter. O *feedback* de qualidade é um reforço positivo ou apontamento de um ponto de melhoria, que não deve ser somente em forma de crítica, mas sim construtivo com o objetivo de amplificar o espectro de percepção do receptor, acompanhado de orientação baseado no que sentimos, necessitamos ou desejamos, ou seja, clareza de expectativas.

Evidentemente os *feedbacks* devem ser absorvidos, digeridos e refletidos, e não necessariamente tomados como absolutamente procedentes. Não se preocupe em se justificar, em ser defensivo; escute e reflita genuinamente *a posteriori*. Assim obtém-se por essa benesse a oportunidade de se tornar uma pessoa melhor por meio de quem enxerga de um ângulo privilegiado, o de fora. Podemos refletir genuinamente e importar parte desse, a totalidade ou nada, baseado no discernimento, flexibilidade e humildade do indivíduo. O discernimento deve considerar a legitimidade da intenção do emissor; se positiva, a parte considerada improcedente pode ocorrer por diferenças de premissas, crenças e valores, demandando posterior aprofundamento do diálogo baseado em retórica e empatia. Pode ser considerado improcedente de forma equivocada se o receptor assumir atitude defensiva por falta de autoconhecimento ou sobreposição do ego à consciência.

Se Madre Tereza de Calcutá desse um *feedback* para Saddam Hussein, dizendo: "Por favor, pare com a guerra e o genocídio (por motivos óbvios); o povo necessita de paz, dignidade, respeito e democracia", ele, após refletir, ou não, tomaria a conclusão: "Não procedente", vou seguir. Nesse caso, a questão se trata de diferenças de valores, e a partir daí o certame se concentra em revisá-los, o que demanda uma imersão mais profunda e menos imediata nas raízes de nossas crenças, personalidade e caráter. De qualquer modo, ao ignorar os sinais que recebemos, estejamos prontos para as consequências.

A reatividade gera bloqueio no processo de comunicação, cenário no qual as pessoas "pisam em ovos", e dão a "volta ao mundo" para se expressar, com medo de julgamentos e reprovação. Em comunicação purificada, o caminho se abre para ser direto e claro ao se expressar, baseado em sentimentos, necessidades e desejos, bem como inquirir o mesmo no outro exercendo a escuta empática.

Nem ao excesso de pragmatismo, que pode ser como uma carne seca, sem sal, sem vida, sem graça. Superficialidade travestida de eficácia e obje- tividade; o narcisista voraz e sua marca de manter-se limitado às margens, sem imergir às profundidades, com medo de que ali seu personagem se desconstrua ou exponha. Tampouco nem ao tão prolixo, uma carne distante do fogo, que se mantém crua e tarda por demais para chegar ao ponto, com baixa qualidade. Prolixos no fundo muitas vezes não sabem bem o que querem; necessitam um passo para trás.

No processo de comunicação interpessoal, há de se ter ciência do fenômeno de que grande parte dos indivíduos se comporta de maneira distinta quando na abordagem individual, um a um, ou coletiva, perante um grupo. Em um diálogo individual, a mensagem se dirige e reverbera por meio de um fluxo unidimensional mais simples de ser estabelecido com vias à compreensão de sentimentos e expressão de necessidades e desejos de maneira genuína, pois, além do mais, existe apenas uma projeção única e direcionada do espelho social, logo, da possibilidade de julgamentos, mais

ESPÍRITO ORGANIZACIONAL

claros de seres decifrados e sobrepostos. Por esse motivo, os sujeitos em menor nível de maturidade e posição mais incipiente no ciclo de evolução e transição da independência à interdependência tendem a ser mais íntegros sob o contato individual. Esses, por possuírem como propósito maior a obtenção de estima extrínseca, sob a exposição coletiva, suprimem sua possibilidade de autenticidade por receio de se autoacusarem diante do seu próprio desalinho perante a compreensão intrínseca. O fatídico sentimento de intimidação e anulação se converte no personagem político, agindo no modo criança, querendo aparecer, mostrar o que sabe e é capaz. Diante de um grupo, existe forte tendência de os indivíduos desejarem evitar serem percebidos como destoantes, tornando-os assim superpredispostos a aderir e se conformar ao senso comum.

Segundo o experimento de Max Ringelman, quanto maior a quantidade de pessoas puxando uma corda, menor o nível de esforço individual. Em um grupo grande de pessoas há uma tendência de os indivíduos reduzirem a percepção do seu papel individual, potencializando a folga social e se reduzindo o senso de comprometimento e protagonismo.

Seres emancipados em estado de interdependência genuína se portam de maneira equivalente no âmbito coletivo ou individual, o que conceitua a integridade, por terem clareza da legitimidade de seus sentimentos, necessidades e desejos, estando aptos a expô-los e posteriormente revisá-los, ajustá-los ou aprimorá-los perante a percepção dos anseios e do bem coletivo. Não abdicam da autenticidade na esfera coletiva, sendo agentes promotores fundamentais na elevação do nível dos diálogos e discussões, logo, dos resultados obtidos.

Em se partindo da premissa de que a comunicação e atitude proativa se refere ao dispêndio de energia e ação dentro da dimensão das coisas inseridas no nosso círculo de influência, é crucial a delimitação correta da fronteira dessa com o nosso círculo de preocupação, as coisas que não podemos mudar. Devemos ter consciência de que muitas vezes nesse limiar se dispõe uma zona de vácuo representada pelos tabus de comunicação, que consistem nos medos, inabilidades ou imaturidade para se dialogar sobre o essencial, importante. Diante de tabus de comunicação, limitamos nossas ações e abordagens ao reducionismo das arestas, e não atingimos o ponto essencial, dessarte, tratamos os sintomas, mas não as causas sistêmicas, onde se aloca a possibilidade da solução de grande parte dos problemas, e até mesmo a revolução positiva. Nessa perspectiva, antes de afirmar que determinado tema está fora do nosso círculo de influência, eu vos pergunto: seria isso fatídico, ou estamos diante de um tabu de comunicação?

Mudanças culturais sistêmicas, profundas e relevantes ocorrem sob longo prazo, muitas vezes atravessam séculos. A comunicação sobre temas relevantes por vezes transitando por fora ao que aparentemente pertence ao círculo de influência, mas sim no círculo de preocupação, por não existir uma ação prática imediata de intervenção, é de alta valia do ponto de vista do desenvolvimento da nova consciência e do inconsciente coletivo, que levarão às transformações futuras, que iniciam seu entremeio no momento presente, se expandem com o tempo, até maturar ao ponto de mutação, que geram as transmutações culturais, ainda que brindadas pelas novas gerações.

Os tabus de comunicação se definem como temas nos quais necessitamos muita ousadia para se dizer o essencial. Esses assuntos geralmente representam as raízes das problemáticas, que tocam em pontos sensíveis relativos à moralidade e atitudes que pessoas tomam baseadas em baixa interconfiança, conflitos e confrontos mal resolvidos, ou medo de ocasioná-los; ademais, egos, vaidades, rancores, ou até mesmo o medo de transcender e se deparar com suas próprias sombras. Assim, ficamos tratando as superfícies e as arestas, ignorando e ocultando o que realmente é profundo e importante. Preferimos viver em devaneios ou ilusões do que nos depararmos e tratarmos com a realidade. A consciência dessas toxidades ocultas é o primeiro passo para curá-las. Um clássico tabu de comunicação em organizações é: "Por que fulano não se comunica e coopera com ciclano?". O líder que se omite de colocar as cartas na mesa e estabelecer a comunicação autêntica, nesse caso, por meio do estilo afiliativo, está enganando a si mesmo e a organização. Em vez disso, a atmosfera se contamina com ruídos e indiretas confusas que se dissipam com o vento.

90 | ESPÍRITO ORGANIZACIONAL

O papel da liderança, nesse caso, é promover a reunião (unir de novo), por meio de uma abordagem de diálogo sob estilo afiliativo, pois isso está dentro do círculo de influência do tutor; do contrário, é omissão, que paga o preço de uma jornada com marcas de desatino, e uma equipe com sinais de cisão contra-cultural e producente. Para tal abordagem, necessita-se a autoridade do líder, sob a posição de integridade de ele mesmo não se encontrar em condição de tabus de comunicação com cisões interpessoais, para que os liderados assim não pensem "você se diz ferreiro, mas assa com espeto de pau".

O diálogo sincero e bem-intencionado baseado em retórica é um valor absoluto na organização sistêmica inteligente. A alegação de ingerência, "isso não é do seu departamento", é outra forma de tabu de comunicação covarde, uma "muleta", abordagem absolutamente reducionista que visa ocultar a incapacidade de retórica, afiliativa e de estimular visão de processo e pertencimento. Departamentos são elementos inter-relacionados com o mesmo propósito: conduzir a organização a atender às necessidades e desejos do público-alvo. Quem não enxerga dessa forma está trabalhando para si, não para o propósito.

Um dos pontos mais importantes na comunicação humana é que o ângulo de percepção que temos de nós mesmos e dos outros é distinto, invertido. Em nós, conhecemos as intenções, mas não temos clareza de como nossas ações são percebidas pelos outros, se estão em sincronia com os intentos. "Essa não era minha intenção". Do contrário, nos outros, percebemos claramente as ações, porém, de forma limitada às reais intenções. Portanto, as inferências são geralmente errôneas, e por esse princípio se reforça a valia da cultura de comunicação autêntica. Quanto mais explícita temos a possibilidade de ser, tampouco necessitamos inferir o que há por trás das palavras, e mais confiança e produtividade são geradas na relação. Quanto mais implícita, maior a margem de insegurança perante a tendência que existe nas pessoas de inferir intenções perversas no outro. Como comentado anteriormente, o ponto de partida é a desconfiança, até a conquista da confiança, que somente se obtém de forma plena por meio da integridade.

Faz-se necessária maturidade para que conflitos funcionais não se transformem em confrontos. Conflitos podem ser positivos e edificantes, caso sejam baseados em uma boa retórica de ideias em que as partes tenham empatia e capacidade de aprender com as diferenças, principalmente se tiverem visões e ideias; se forem de valores, fica mais difícil se chegar a uma anuência comum, sendo necessário a liderança avaliar a melhor alternativa. Confrontos ocorrem quando posições e opiniões baseadas em julgamentos dicotômicos ocasionam prejuízo à relação pessoal dos indivíduos, ou seja, se leva a questão para o lado pessoal. É um estado de lamentável imaturidade humana, alimentado pela reatividade, necessidade de validação da identidade, dogmas e crenças limitantes.

Perante um *feedback* duro e difícil, existe um ciclo natural que ocorre até o indivíduo digerir e absorver de forma producente. A primeira reação é de revolta; depois, de negação; posteriormente, aceitação, e, por fim, mudança e colaboração. Temos que aguentar firmes, tanto emissor quanto receptor, pois em médio e longo prazos as transformações positivas tendem a ocorrer. Devemos ter consciência de que aqueles que recorrentemente se encontram em sentimento e estado de raiva, que gritam, esperneiam, bufam, batem na mesa, no fundo, pedem ajuda. Estão com o poder de agir sobre seus sentimentos, necessidades e desejos em obscuridade e repressão. É um estado primitivo de baixa frequência existencial. Nesse caso, a vontade é de tirar esse indivíduo do nosso caminho, porém, muitas vezes, essa pessoa faz parte do nosso desafio cotidiano, e não devemos rebaixar nossa frequência e consciência ao estado similar, por meio da inteligência e controle emocional. Nesse caso, a habilidade consiste em inquirir: o que você sente? Do que necessita? O que deseja? Podemos assim encontrar nesse *homo bios* algo valioso.

O confronto pode ocorrer quando uma parte o estimula por meio da comunicação defensiva, consequência do estado retrocedido de autoconhecimento que percebe a comunicação como uma balança aferidora da preservação da identidade via choque de interesses ou do caráter sórdido, no qual o agente está sob intento de uma interação ganha-perde, se dispondo a prejudicar o outro lado para levar o máximo de vantagem possível para si. Diante dessa reverberação, da outra parte, mesmo que sob intento de boa-fé, se demanda um nível elevado de inteligência emocional para

ESPÍRITO ORGANIZACIONAL

não se igualar à frequência sem propósito do emissor. Nessas condições, a forma mais racional de sobreposição da ineficácia de comunicação é a busca serena por invocar no outro a expressão genuína dos sentimentos, desejos e necessidades por detrás da conduta, pois geralmente esses indivíduos com consciência retrocedida estão submetidos a uma grande desorganização interna que, por mais que não demonstrem, a posteriori irão proceder uma grande reflexão perante as palavras bem colocadas emitidas pelo emitente consciente de boa-fé, que quebram certos níveis de resistência, se permitindo a possibilidade de gerar transformações graduais, por mais singelas que sejam, dependendo essas do nível de limitação civilizacional do receptor.

Um dos maiores fatores originais dos tabus de comunicação consiste no receio de que a outra parte terá reação agressiva ou reativa, fazendo com que os indivíduos optem por abdicar: "Não tenho poder para mudar questões estruturais da personalidade alheia. Resta a resignação e não permitir que isso me desequilibre". Essa premissa possui precedentes, uma vez que em nossa sociedade existe uma enorme quantidade de indivíduos com ausência de empatia e que creem que as problemáticas nunca se devem a eles, e sim somente aos outros. Trata-se inclusive de um dos sintomas do narcisismo patológico ou maléfico, distúrbios de personalidade comuns com difícil reversão. Todavia existem diversas ocasiões em que se faz necessário ou desejável o diálogo para se resolver questões e gerar melhorias de bem-estar. A abordagem de comunicação diante de indivíduos imaturos ou até mesmo sórdidos exige coragem, sob a crença do benefício ou, pelo menos, não prejuízo, uma vez que essa seja conduzida com habilidade e inteligência emocional.

Existem personalidades malévolas que vivem em um círculo vicioso de confronto e desarmonia, pois, pasme, até mesmo a dor e o sofrimento podem representar fontes para a identificação com o ego, cuja vitimização é a forma de obter estima, amparo e atenção. Elas se autossabotam de forma recorrente. Devemos assumir a árdua missão de ajudar esses indivíduos mais primitivos evolutivamente a encontrar outras identificações para saciar as mesmas necessidades. Muitas dessas pessoas, ao se observarem frustradas, transitam pelas ruas e seus afazeres, carregadas de lixo tóxico interno, enfezadas, necessitando dissipar em alguém. Em vez de despejar nos outros, esse conteúdo orgânico pode ser disposto em uma usina de reciclagem, compostagem, para ser transformado em fertilidade.

Podemos optar por absorver e assimilar a comunicação tóxica por meio de fluxo controlado ou difusor. Por meio controlado, podemos optar por não "tomar", desenvolvendo a impermeabilidade emocional para energias negativas, ou absorver em velocidade sincronizada com nossa capacidade de assimilar, ou seja, refletir e significar de maneira consciente e racional, sem se rebaixar ao nível de frequência civilizacional do emissor. A isso se denomina controle e inteligência emocional. Por meio de difusor, permitimos que a frequência tóxica se movimente por um fluxo descontrolado do meio mais concentrado ao menos concentrado, dentro de nós. Tudo que absorvemos em uma velocidade maior do que temos capacidade de assimilar é matéria que não constrói; apenas fica armazenada, é fonte de degradação energética e enfermidades, ou se não, fonte de reações impulsivas que geram consequências indesejadas. Nesse estado, bebemos o veneno, e igualamos a frequência do emissor, perdendo o controle e a responsabilidade. Para manter-nos conscientes e saudáveis, devemos desenvolver a capacidade de impermeabilidade, ou absorção e assimilação por fluxo controlado. Quando nos deparamos assolados por sujeitos com baixa frequência civilizacional, em vez de nos igualarmos no mesmo paralelo, devemos lançar revoada às alturas, invocando o outro a se adaptar a um nível de interação e diálogo mais elevado, do contrário, esses sujeitos batem em retirada por não conseguirem sobreviver sob o ar mais leve, rarefeito.

Como a almejada empatia exige tanto de nós. No fundo, o ser comum se encontra preocupado com suas questões, e as dos outros não interessam muito. Desse modo, quantas e quantas conversas são apenas monólogos sobrepostos: "Meu filho está em um campeonato de futebol"; "o meu está aprendendo a tocar violão de maneira autodidata". Fomos projetados com dois ouvidos e uma boca. Ouvir é a arte de perceber o mundo. Vendemos pelas razões dos clientes, não as nossas.

ESPÍRITO ORGANIZACIONAL

Existe uma lenda de que havia uma tribo indígena que, para quem tinha a palavra, era dado um bastão. Quando concluísse, passava o bastão ao outro, e assim por diante. Não interrompa, escute até o fim, do contrário você estará revelando desinteresse e autocentrismo, e abdicando da oportunidade de atender às necessidades e obter relevantes informações, percepções e opiniões por parte do emissor, gerando um círculo virtuoso no relacionamento e nos seus próprios paradigmas. Mesmo aos prolixos, que muitas vezes são desagradáveis e cansativos, tenhamos ouvidos empáticos. Para esses, persistamos no *feedback* "vá direto ao ponto, seja objetivo, seja proficiente na linguagem!".

Empatia verdadeira é genuína, quando se escuta com o coração, não com a mente, pois ela se volta a avaliações e julgamentos. Use o coração, aberto. Empatia não genuína pode ocorrer por interesse, o que representa manipulação. Muitas pessoas forçam a empatia para com sujeitos enquanto se encontram em determinadas posições, todavia, após esses serem desempossados, essa empatia é marginalizada. Em caso de organizações, seus membros e clientes necessariamente possuem propósitos comuns legítimos, portanto, o processo de empatia diante da comunicação é incondicional. Pessoas focadas em interesses próprios ou políticos, ilegítimos frente aos propósitos de desempenho organizacional, em caso de não estarem diante de oportunidade de atender tais anseios, utilizam a "muleta" da escassez de tempo para abdicar do processo de comunicação e empatia. Lembre-se: seu tempo é um dos maiores presentes que pode conceder ao outro.

O ser humano, em estado de ação e reação em automatismo, possui a tendência de amplificar e avivar os erros e ressentimentos com holofotes, e abrandar a compaixão e acertos com lanternas. Devemos ter consciência disso para nossa mente não sabotar relações de alta qualidade.

A tecnologia nos possibilita fantástica comunicação por meio digital, rápida e eficiente, onde quer que estejamos. Deve ser usada de maneira consciente, à luz de que quem está longe nunca esteve tão próximo, entretanto, quem está perto nunca esteve tão distante. A comunicação virtual escrita nos dispõe apenas a ferramenta da utilização das palavras, que limita a qualidade e eficácia da interação. As palavras representam menos que 10% do potencial de recepção da mensagem por parte do emissor; a grande parcela da percepção da comunicação progride por meio da entonação da voz e da postura corporal, portanto, quando apenas teclamos, por exemplo em *e-mails* e WhatsApp, abdicamos das duas últimas, muito mais poderosas. Um equívoco capital é utilizar o meio escrito para resolver questões que demandam maior qualidade na comunicação. Esse é altamente valioso para interações objetivas, como recados, informações, agendamentos; quando necessitamos de resoluções com maior nível de complexidade, como dialogar sobre pontos de vista e realizar negociações, devemos lançar mão do contato verbal e, se possível, presencial, para que por meio do tom de voz e postura corporal emitamos e receptemos com alta qualidade de retórica e eloquência a percepção dos sentimentos, necessidades e desejos, bem como os sistemas representacionais, possibilitando assim maior empatia e sucesso. Necessitamos de algo mais em nível sensorial para perceber de forma perspicaz as palavras, que são muito pouco para representar e transmitir a vastidão das possibilidades e sensações. Do mesmo modo, precisamos de algo mais em termos sensoriais para aproximar nosso real intento da compreensão assertiva do receptor. A comunicação escrita tende a parecer mais rude do que tencionamos, logo, abre espaço para o receptor inferir e fantasiar malícia. Parece que falar está fora de moda; todavia, nada é mais sofisticado do que a voz e o contato humano.

O objeto focal do mundo dos negócios consiste em construir relações de aliança e cooperação com os clientes, principalmente os melhores dentre eles. O grande profissional apto a desenvolver uma relação de interdependência do seu público consigo está se tornando imprescindível na vida dos clientes e das empresas; esses deixam de assumir um espaço facultativo e volátil no atendimento dos desejos e necessidades mútuas, e passam a ser cativos e obrigatórios nos elos de ligação das relações fornecedor-distribuidor ou fornecedor-usuário.

Nós nos encontramos grande parte do tempo negociando, com os outros e com nós mesmos. Afortunadamente, no meio organizacional, a grande maioria dos acordos parte do princípio da existência de propósitos comuns; e a minoria, de conflitos de interesses. Em se tratando do segundo, se a diplomacia não for suficiente para acomodar, podemos sem problemas

96 | ESPÍRITO ORGANIZACIONAL

tomar a conclusão de que aquele não é o parceiro ideal para os negócios, e reestruturar a estrutura de acesso para chegar ao público ou objetivo. Em se partindo da premissa de sobreposição de interesses e propósitos, é nesse espaço em que obtemos uma grande negociação. A partir dessa premissa, somente há um resultado aceitável: o ganha-ganha. Onde alguém intenta levar vantagem e prejudicar a outra parte, ludibriando esse o princípio, se revela conflito de interesse mesmo dentro do propósito comum: o justo versus o sórdido. Nesse caso, tampouco se deve haver negócios.

A virtude mais preciosa de um negociador é a capacidade de empatia. O clássico conceito de *rapport* nos permite obter esse objetivo legítimo por meio de técnicas. Muitos alegam ser essa técnica de empatia, *rapport*, uma forma de manipulação, porém, em meu ponto de vista, isso depende da intenção do interlocutor. Se for positiva, ganha-ganha, estabelece um grande bem-estar na comunicação e na relação. Podemos realizar o *rapport* com abordagem íntegra e transparente, sem jogos. Eis o grande negociador.

Rapport consiste em perceber, espelhar e reproduzir o sistema representacional dominante do receptor, que, como conceituados, são: visual, auditivo ou cinestésico. Tal espelhamento, portanto, da representação da linguagem, velocidade e entonação vocal, frequência respiratória, gestos e postura corporal. Ao longo do tempo, o receptor percebe: "Pertence a minha tribo, posso confiar!". Ao perceber a aderência do receptor, o interlocutor logo muda o seu sistema representacional, e é seguido pela outra parte. Por exemplo, o interlocutor coça a orelha e, logo, automaticamente a outra parte negociadora também assim o faz. Esse é o sinal de que o processo de *rapport* foi obtido, e as chances de sucesso na aceitação da negociação passam a ser próximas ao absoluto.

O princípio por detrás dessa técnica é o da sobreposição de identidades. Nossa identidade no conceito inter-relacional representa aquilo que nos define, nos refere; sendo assim, o que somos é refletido em nossas escolhas e nossos valores. Se logramos o outro identificar suas escolhas e valores conosco, atingimos o estado de interconfiança, e somos percebidos como orientadores e modelos. Não à toa, um excelente comerciante é muitas vezes referido como "referência". Estruturas de conduta genuinamente amigáveis e afiliativas desenvolvem *rapport* o tempo todo com as pessoas de maneira espontânea. Como conotado, essa técnica visa o bem-estar, brindando ao outro "se olhar bonito no espelho".

Para se planejar e realizar uma negociação, devemos ter definida a nossa melhor alternativa em caso de não acordo (MACNA) e, em sendo de fato a transação inviável, saímos com as expectativas claras, dizendo: "Muito obrigado pela oportunidade enriquecedora, vou rever minhas possibilidades e espero que em uma próxima oportunidade possamos atingir o acordo, conte comigo!". Assim, as portas seguem abertas, com a outra parte também almejando um dia ser parceira de negócios de um profissional de tamanha habilidade e integridade. Para tal, se faz essencial a equipe de vendas ter conhecimento das margens e atribuição de valor das ofertas apresentadas.

Por outro lado, devemos tomar cuidado em perceber atitudes sórdidas no processo de negociação, o cinismo. O negociador vil tem a habilidade de, a qualquer custo, induzir o receptor à emoção e ao devaneio, perdendo a racionalidade para atentar e analisar os "pontos cegos" que posteriormente irão gerar frustração. Por exemplo, uma oferta sedutora proveniente de uma empresa que não possui estrutura de retaguarda ou suprimentos para atender as demandas de forma sustentável. Negociação deve possuir o componente racionalidade na recepção; integridade e emoção na interlocução.

3.5. HIGIENE MENTAL – VIDA QUE SE RENOVA A TODO INSTANTE

Há quem creia que o mundo será melhor; há quem creia que estamos piorando. Independentemente de qual crença, é comum a aspiração de tornar a experiência da vida uma viagem fascinante de exploração e partilha, de bem-estar. Se investimos no nosso bem-estar genuíno, mental e espiritual, seguramente estamos fazendo nossa parte para que, de fato, como descreve o objeto focal desta obra, os movimentos de crise se estreitem e os de harmonia e desenvolvimento se delonguem e altivem. A hora da corrente da epifania é agora. Organizações não são entidades abstratas, são de carne, osso, mente e espírito; somos nós, as pessoas que as compõem, portanto, uma vez que pessoas se engajam em serem melhores a cada dia, logo, organizações e o universo o serão, sobressaltando aos mais incrédulos.

Desafiar a nós mesmos significa ir além dos limites impostos pela cultura; transcender ao reducionismo, a coerência estática, a dicotomia e ao determinismo. O reducionismo consiste em analisar os elementos da vida como gavetas isoladas, e não perceber as conexões ocultas ou aparentes entre elas, que denota o pensamento ecológico, dessarte tratamos os sintomas, mas não as causas. Uma questão muito pertinente a ser refletida é a avaliação da evolução humana; há um engano capital perante a fluidez desse processo, pois está reduzido meramente à dimensão tecnológica; enquanto distraímo-nos no cuidado com a mente e o espírito, a qual deriva a conduta, que vem se mantendo ao longo da história em platô, e, na era moderna, flertando com a crise existencial coletiva.

Dessa crença acarreta o pensamento dicotômico entre direita e esquerda, branco e preto, detendo o grande vigor de ideias provenientes da

ESPÍRITO ORGANIZACIONAL

hibridização. Entre o branco e o preto existem 274 cores e suas misturas; entre o temor e o atrevimento existe a coragem; entre a esquerda e a direita existem grandes ideias e soluções a serem reunidas, dialogadas e combinadas; entre a volatilidade e a desarmonia, há a lucidez do equilíbrio e o vigor da hibridização, que é o cruzamento entre duas linhagens, seja de plantas, animais, ideias, pensamentos e ações.

O orgulho, filho do ego, nos fada à crença limitante de que mudar de opinião ou ideia representa fraqueza. Ora, por evidente uma personalidade que muda com o andar do vento é inconsistente e com confiabilidade duvidosa. Sem embargo, um sujeito que enaltece a coerência como valor absoluto vive, nasce e morre do mesmo jeito, vendo a fotografia da vida de forma estática, o que representa tolice. Em estado de humildade, sabedoria, reconhecemos nossa imensa limitação diante da infinda concepção da realidade, e, a cada dia, nos colocando com a sede de aprendiz, expandimos a consciência e vamos nos aproximando de uma compreensão mais consciente do universo, em um processo de retroalimentação onde quão mais ponderado somos, e menos distantes da sabedoria universal, mais estamos conscientes de quão limitados somos perante ela. Isso é humildade. Nossa expansão da consciência se incrementa com a meditação, a observação, e, com as interações humanas de qualidade, onde temos a graça de importar novos paradigmas e percepções. Curvando-se diante de uma boa retórica, ganhamos uma oferenda, a de ter se tornado melhor por ter aprendido algo. Assim, a vida se renova a cada dia. Humildade é um embrião aberto à fertilização de novas ideias, uma virtude que pode ser sabotada por dogmas e pela arrogância, que representam a linha e a agulha que tentam costurar essa janela. A consciência nos brinda a humildade, e com ela transitamos entre a simplicidade do gueto e a sofisticação dos castelos, nos permitindo assim observar e desenvolver a sensibilidade em um mundo mais próximo ao real, em todas as dimensões, sem fantasias e devaneios.

Organizações de carnes, ossos, mentes e espíritos que transcendem, possuem uma forte veia casualista. Opondo-se a essa crença, o determinismo entende que somos o que somos e as coisas são como são por forças maiorais à nossa própria responsabilidade por conduzir de forma consciente e autêntica nossa existência, seus frutos e decorrências. O determinista crê: "Sou violento, pois é carga genética, meu pai também o era"; ou "meu humor está péssimo, pois o dia está chuvoso e frio". Repare que essa concepção, de estados volúveis como o vento, abdica da liberdade, e da oportunidade de melhorar como indivíduo e agente ativo na vida. Indivíduos casualistas atribuem à própria consciência seus pensamentos, escolhas e ações. Esses são os que vêm ao mundo para marcar sua obra.

Atente que o reducionismo, a coerência estática, a dicotomia e o determinismo possuem relação altamente negativa com o nível de neuroplasticidade, que é nossa capacidade de adaptação, ajustamento, flexibilidade e aprendizado, logo, expansão da consciência e evolução. Os seres mais inteligentes e sábios possuem os maiores níveis de flexibilidade. Os humildes são cordiais, fartos de alegria. Para tal, necessita-se de uma dose de brio, em uma cultura em que o ego se identifica com o papel do homem adulto "sério". Os objetivos e metas organizacionais são como uma corrida sem linha de chegada. Para fazer mais sentido essa trajetória, é de extrema valia não esquecer de celebrar as pequenas e grandes conquistas, e observar o entorno, pois existem muitos favos de mel no caminho a serem colhidos. Ser profissional é fazer o que esperam de você sem supervisão; fazer além do que esperam nos torna imprescindíveis. Quando terminar de preparar o bolo, coloque uma bela cereja no centro, isso fará toda a diferença.

Certa feita numa empresa, em um importante evento promocional, foi delegado a duas pessoas distintas que fossem ao mercado e trouxessem maçãs e melancias para servir aos clientes. A primeira retornou dizendo: "Não foi possível, pois não havia maçãs, e as melancias estavam muito caras, e o dinheiro não foi suficiente". Cinco minutos depois, chega a segunda: "Não havia maçãs, mas trouxe estas lindas peras; o dinheiro que sobrou não seria suficiente para as melancias, porém trouxe estes melões novos superdoces que estavam em promoção". Capte que, a partir desse exemplo, não necessitamos de muita sofisticação para compreender o que representa ser profissional, não apenas burocrático.

A conduta burocrática se limita a meramente executar tarefas sem pensar nos propósitos e repercussões. A Experiência de Milgram, concluída no

ESPÍRITO ORGANIZACIONAL

ano de 1963 pelo psicólogo norte-americano Stanley Milgram, explorou a grande inquietação de como a ideologia nazista moveu milhares de pessoas, aparentemente e socialmente bem ajustadas, mas condescenderam às autoridades e praticaram as torturas e assassinatos do Holocausto. A tese, explorada no brilhante filme *O experimento de Milgram*, remata que a "motivação" para executar a barbárie tão somente se consuma pela submissão à autoridade, abordagem típica dos estilos coercivos.

Sob a cultura do estamento burocrático, estamos contando mais com robôs do que com cérebros pensantes. Evidentemente que atributos de natureza processual exigem perfis e conduta focada em precisão e rigidez de procedimentos, entretanto, setores estratégicos, inclusos comercial e criativo, exigem desembaraços provenientes de personalidades estratégico-inovativas. Conduta burocrática antagoniza com o tão almejado senso de pertencimento e realização. O sujeito que está pregando um prego na parede, e o fez tão somente até a metade, assim porta-se: "Já deu seis horas, hora de partir; amanhã prego a outra metade". Uma maneira superpotente de pensar com programação mental estratégico-pertencente é pensar como dono: "Se essa organização fosse minha, o que eu faria?". Tente, e perceba como tudo se transforma.

Um manifesto burocrático ocorre quando se pende a outrem a construção do próprio conhecimento. É de papel da organização de sucesso treinar e desenvolver pessoas, porém, o sujeito que condiciona a essas a edificação do conhecimento está terceirizando a própria ventura. Em plena era do banquete de informações, a excelência é mera escolha, atitude. Comerciantes brilhantes dominam os posicionamentos de suas ofertas de maneira ampla, na dimensão do como utilizar, abordagem consultiva, e do porquê, a perspectiva da atribuição de valor da oferta enquanto promotora de bem-estar e transformação do indivíduo cliente que se é ao que se deseja ser. Desafio um vendedor da Toyota a conhecer mais os atributos de valor do carro do que os engenheiros que o criaram. Eis o paraíso competitivo! O profissional comercial que se ocupa apenas do foco de gerir política comercial e acesso a mercado está fadado a dizer amém ao negociar e discutir seus próprios produtos com os demais *stakeholders*.

Em áreas estratégicas, sujeitos que atuam sob perfil burocrático-repetitivo possuem baixa eficácia relativa. Muito esforço e pouco valor; estão meramente reproduzindo um modelo, muitas vezes míopes para enxergar "um palmo" à frente do molde por si só. Em outro plano, obtemos geração de valor por meio dos estratégicos-executores, que necessitam dispor de inteligência e cognição para assimilar o plano e dispor de habilidade e funcionalidade para executar; e, por fim, a alta valia dos solucionadores estratégico-criativos que atuam em estado constante de proatividade, autenticidade e criatividade, como foco dominante na geração de valor. Sempre se perguntam: com essa ação, o que estou gerando de valor? Nesse conceito, distinguimos em profissionais a produção burocrática da produção de valor.

Para desenvolver uma marca pessoal atrativa e de alto valor, o selo de qualidade "conduta triunfante", são fundamentais o desenvolvimento e investimento na integridade e na autenticidade. Para se compreender sobre a construção da integridade, devemos ter ciência de que a conduta possui duas dimensões: o caráter e a personalidade. O caráter representa o que realmente somos em essência, nossos princípios e valores; o que sentimos e pensamos quando dialogamos com nós mesmos, como nos momentos em que encostamos nossa cabeça no travesseiro. A nossa verdade. Personalidade é a forma com que nos representamos no teatro social em busca de estima e aceitação, a nossa máscara que dança conforme a música para não sermos isolados ou expelidos no baile da vida. Quanto maior a distância entre os dois, mais nos comportamos de maneira cínica; quanto mais sobrepostos, dispomos da virtude de integridade. Ou seja, integridade é o alinhamento entre o que pensamos e sentimos com a maneira de como nos expressamos e agimos. "Ótimas" personalidades com caráter débil são os ludibriadores, típicos de políticos desonestos, "malandros". Podemos ter excelentes caráteres em personalidades complicadas, "um sujeito difícil, mas de ótimo coração".

Elevação e sincronização de caráter e personalidade concedem o selo de qualidade "integridade" do profissional. O sujeito íntegro se baseia em sinceridade, que é a chave para a interconfiança e a comunicação autêntica. Sincero provém do latim *"sine cera"*, ou "sem cera", ou seja, sem máscara.

ESPÍRITO ORGANIZACIONAL

Em cinismo, um dia a máscara cai, a crise e as sequelas não perdoam; está em desserviço ao universo. Avante à interintegridade, se deve buscar a autointegridade, os acordos que fazemos conosco, nos quais necessitamos autoconhecimento para reconhecer nossas limitações importantes e superá-las. Lembro-me de ser assolado por um grau muito grande de ansiedade, e, após um trabalho de autoconhecimento, identifiquei meu impugnador, assim pude detê-lo, aumentando desempenho e qualidade de vida. Cumprir os acordos que fizemos com nós mesmos depende de controle de impulsos e inteligência emocional, e gera uma explosão de autoestima e autoconfiança.

Integridade, além do nosso alinhamento entre o intrapessoal e o interpessoal, se corrobora atribuindo maior valor à nossa palavra, ou seja, se disse que vai fazer, o faça! E não prometa aquilo que não pode cumprir. É preferível reduzir a expectativa do receptor, e ter a possibilidade de superá-la; assim, de quebra, o valor percebido da nossa ação vai às estrelas. Uma organização é o reflexo do que há dentro da concha. Se há integridade em suas carnes, ossos, mentes e espíritos, haverá integridade ao mercado, alavancando o sucesso e a sustentabilidade, bem como a autocrítica como precedente do processo de melhoria contínua.

A ganância, dentre tantos efeitos colaterais, se incompatibiliza com a integridade. Certa vez, em uma estrada da Flórida (EUA), parei em uma loja da Pizza Hut para fazer uma refeição. Após dez minutos de espera na mesa, a atendente me informou: "Houve um problema no forno, sua pizza está indo ao forno somente agora". "Okay, sem problemas", respondi. Após mais dez minutos, chegou minha pizza, com a qual me saciei. Ao sair, me dirigi ao caixa para pagar, e, logo, uma moça simpática me disse: "Não precisa pagar, pois excedemos o tempo de espera adequado ao senhor aguardar seu pedido". Espantado, persisti: "Mas eu comi..."; não foi suficiente, e na simpática despedida: "Volte sempre, espero que ao menos tenha apreciado a refeição!". Uau, com certeza. Que selo de integridade! Integridade, acima de tudo, é a manifestação de respeito ao próximo.

Em condição de competição ecológica, o instinto biológico promove a competição, visando a luta pela sobrevivência ou manutenção do *status* de dignidade. Ambientes com recursos escassos estimulam compressão à ética. Em adensamento, plantas com maior habilidade ao fototropismo sombreiam as demais, que não sobrevivem ou vivem em estado de alta vulnerabilidade; a alelopatia, as guerras químicas no subsolo, visa eliminar as raízes alheias que roubam o espaço das espécies mais agressivas, e impedem o poder de germinação das sementes presentes. Pinus e eucaliptos são exemplos de potente arsenal fototrópico e alelopático. Nações e organizações são sistemas com os mesmos princípios dos sistemas ecológicos. Em organizações escassas, bem como países pobres ou subdesenvolvidos, as taxas de corrupção e a antiética, dentro do conceito de prejudicar o espaço ou condição do próximo, são superiores, entre outros, pois o sol e as oportunidades não nascem para todos, sendo o risco de miséria e indignidade muito mais elevado, levando muitas dinastias, a qualquer custo, a defender e perenizar sua condição. O lado agressivo do homem se desperta em um mundo onde nem todos podem sobreviver e se perpetuar com dignidade. Organizações saudáveis e equilibra-das formam uma renovação de talentos e dão espaço para esses crescerem juntos com o movimento de crescimento institucional, assim preservando a cultura preciosa de intercooperação em detrimento à intercompetição.

De maneira recorrente, grande parte das dinastias dos poderes or-ganizacionais estabelece o *rapport* sórdido ao cinicamente constituir um discurso com base no que as pessoas desejam ouvir, vendendo sonhos e fantasias a uma massa dependente e esquizofrênica, obtendo, além da sua base de apoio, o espelhamento de valores. Equipes e sociedades, em estado de dependência, são espelhos, imagem e semelhança de seus líderes. Por esse motivo, não há liderança íntegra e liderados cínicos, nem vice-versa. A relação é de reflexão, portanto, líderes íntegros são a chave para equipes e organizações íntegras.

Tomamos banho, escovamos os dentes, nos perfumamos, lavamos os cachorros, as roupas, os sapatos, as louças, a calçada, o pátio; retiramos o lixo da cozinha, do banheiro, e, quanto aconchego, como faz bem nosso ambiente externo purificado. Todos os dias, nesses processos investimos um precioso tempo. Nada obstante, e no mínimo tão essencial quanto, por que não praticar a higiene interna todos os dias?

ESPÍRITO ORGANIZACIONAL

Higiene interna possui duas vertentes: a mental e a espiritual. As principais formas de higiene e expansão mental são a comunicação intrapessoal e a leitura. Que tal, todos os dias, dedicar alguns minutos para fechar os olhos, olhar para dentro e dialogar consigo: "O que me levou a fazer o que deveria ser feito"; "o que me levou a não fazer o que deveria ser feito"; o "que me levou a fazer o que não deveria ser feito". Perceba as alavancas de seus acertos, essas devem ser lubrificadas e reforçadas. As contaminações dos sentimentos e pensamentos sabotadores, crenças limitantes e medos infundados, diagnosticados, assim nos permitimos atentar a nossos impulsos prejudiciais e contê-los, percebendo as ilegitimidades desses diante do exato momento em que as situações ocorrem. Dialogando com nós mesmos, melhor tomamos consciência da verdadeira luz e divindade, a que está dentro de nós, que nos concede poder para agir com responsabilidade e consciência, tornando impenetrável as frequências negativas externas e dispersando as internas, bem como se autoconceder o reforço positivo às virtudes.

> Conheces teu inimigo e conhece-te a ti mesmo; se tiveres cem combates a travar, cem vezes serás vitorioso. Se ignoras teu inimigo e conheces a ti mesmo, tuas chances de perder e de ganhar serão idênticas. Se ignoras ao mesmo tempo teu inimigo e a ti mesmo, só contarás teus combates por tuas derrotas.
>
> **Sun Tzu, pensador chinês.**

Assim como o exercício físico tonifica o corpo e a saúde, a leitura é o exercício da mente. Bons livros transformam e expandem nossa forma de enxergar o mundo para muito além da cultura trivial, nos tornando livres e autênticos, logo, responsáveis. É a principal maneira de acessar e integrar conhecimentos, fortalecendo a musculatura da capacidade cognitiva, logo, da nossa interação com o universo, e exercer inspiração e influência positiva no entorno, como confirma o jargão "líderes são leitores". Ademais, osmoticamente desenvolvemos substancialmente a capacidade linguística e de retórica, habilidades cruciais para vender ideias e se comunicar efetivamente.

Nossa mente é como um cavalo selvagem que precisa ser domado para nos conduzir para o destino que desejamos. Sem conhecer a nós mesmos, fica inviável conhecer os outros.

Empoderamento espiritual é o contato com a pureza do vazio, do tato absoluto com o momento e a percepção do presente, que nos conecta com toda energia cósmica que flui e nos penetra adentro de cada instante. O estado de presença nos conecta com o verdadeiro poder e revelação do que é realmente existente, o agora. Pensamentos vêm e vão espontaneamente como as águas de um rio, nos remetendo ao passado e ao futuro. Ambos são estados irreais de ilusão. Pensamentos dominantes focalizados no passado ou futuro são estados negativos sabotadores, independentemente do valor do seu conteúdo. O passado nos inclina a remeter nostalgia ou melancolia, agindo como âncoras que aprisionam e detêm o ímpeto da ação na perspectiva do avanço; esse sim deve sempre ser significado como as raízes que nos alimentam, que geraram aprendizados e experiências. Excesso de futuro tende a remeter à ansiedade, e a desatenção à energia da ação do momento corrente, que representa de fato a edificação do amanhã. Pensar muito na frente e esquecer do agora é como o "frango do goleiro", que já está distraído pensando no que fazer quando a bola chegar em suas mãos, enquanto o atacante adversário chuta a bola no gol e o pega desprevenido. O ser humano, tendendo à eterna lacuna dos desejos, costuma projetar a felicidade e contentamento em um estado ou condição futura mediante a conquista de algum objetivo, negligenciando a consciência de que esta rota é infinda. Portanto, felicidade significa amar e apreciar o que dispomos em cada momento corrente, celebrar cada pequena e grande vitória, cada cliente, cada negócio, cada projeto, novamente colhendo e se adoçando com os favos de mel presentes no caminho. Os pensamentos são espontâneos, sendo praticamente impossível o controle absoluto. Apenas observe-os, perceba-os em perspectiva, à luz de que não representam de fato quem somos, pois acima deles temos a nossa consciência. O foco da mente deve ser o aqui e o agora, aguçando a percepção e interação com toda energia que nos brinda a cada instante, onde a vida e todos os movimentos de fato acontecem, nos oportunizando

ESPÍRITO ORGANIZACIONAL

a observação como ponto interceptor da realidade e da cognição, logo, da assertividade da ação. A vida é aqui e agora!

Ademais, nos momentos de esvaziamento mental, é válido recordar que possuímos um sistema corporal orgânico, com a fluência da interligação entre nossos fluidos e órgãos. Nosso corpo é nossa casa e, por meio da mente, trazemos equilíbrio e harmonia a esse nosso lar interior para desempenhar a interdependência com maestria. O aroma da mente perfumada magnetiza toda a energia vital circundante, quando de repente percebemos que o universo reverbera a mesma onda que emitimos e, em estado de graça, obtemos a fluência das ações e resultados, o estado da arte!

Cada um de nós possui uma faixa ótima de frequência energética para a potência de ação e criatividade. Pressões cotidianas intrínsecas ou extrínsecas podem alocar nossa frequência ótima para o estado de retração ou tensão, ou seja, fora da zona ideal. A virtude da resiliência nos permite alto nível de controle sobre esses movimentos, e a ágil reassunção do estado de homeostase, ou equilíbrio, por meio da flexibilidade mental e espiritual, retomando a autoestima e a alta estima, propelindo a potência de agir. Para tanto, eis a sabedoria de ressignificar episódios negativos para o aprendizado e expansão da consciência; e desenvolver impermeabilidade às frequências e energias negativas. Desilusões e frustrações podem ser oriundas de perdas fortuitas; interpessoais, como a expressão depreciativa projetiva; intrapessoais, como falhas ou fracassos; e um misto disso. Para não extrapolar nossos eixos da faixa de equilíbrio, se lança mão do desenvolvimento da inteligência emocional, revigorada com a prática da higiene interna, mental e espiritual.

Perante os tensionamentos e retrações internas provenientes das problemáticas, ao agir de maneira proativa estamos gerando soluções, catalisando a resiliência e o bem-estar. Discernir e se resignar perante as situações em que não dispomos influência e controle do mesmo modo nos conduzem ao equilíbrio e à beatitude. Aceitação perante problemáticas significativas nas quais possuímos possibilidade de ação e influência caracteriza o estado de omissão, podendo gerar pressão e cobrança interna e externa, desconforto e desequilíbrio crônico. Por evidente, existem batalhas que valem a pena serem enfrentadas, outras não, em relação ao seu potencial de benefício ou risco do aumento de danos.

Uma premissa capital propulsora de frustração é o devaneio de que possuímos controle sobre os valores, desejos, necessidades e ações dos outros. Não o temos. Devemos, sim, estar cientes de estar fazendo a nossa parte do melhor modo, que é a busca do controle de nós mesmos, para, desse modo, termos plenitude e aptidão para construir algo legítimo no plano interpessoal e universal.

Uma das leis universais da vida é o paradoxo. Exibir narcisismo e plenitude via tela de dispositivos para diversas pessoas sem relevância, enquanto nossa concha interna está vazia; opiniões sem empatia e comunicação violenta, que mais destroem e dissociam do que edificam uma nova realidade. Quem encontra o estado de graça e plenitude genuína se livra da necessidade de estima proveniente do espelho social, pois ela está ali, dentro de você, presente, vigorada e inabalável. A exposição do estado de graça ao externo nos revela três tipologias de caráter: os que nos amam ou apreciam, que, sim, são fontes de reforço positivo perante nossos episódios de sucesso; os indiferentes; e os invejosos, que nem sempre se manifestam de forma explícita, mas sim implícita, no semblante, nos sinais, e por trás das palavras. Lembremos que o cinismo é a distância entre a personalidade e o caráter. Melhor evitar abrir ou mexer nessa caixa. Essas ferramentas que nos brindam as telas são como facas, que podem ferir, ou passar a manteiga no pão que nutre. Quando eu crescer, quero ser o camisa 9, e levantar a massa, dar alegrias ao público que tanto amarga a sordidez dos serviços mal prestados por muitas grandes corporações; e, com a perversidade, ganância e ignorância do poder.

Dentro de um monitor, a violência e o sofrimento sob a ótica do telespectador são fascinantes. Uma técnica muito utilizada pela mídia e parte da indústria de entretenimento, pois estimula uma projeção referencial ao passivo que serve como antídoto para concebermos nossos problemas e miséria de maneira banal, normal, aceitável. Todavia, em se imergindo nesse antídoto, vai nos entremeando a banalização da própria violência, importando carga de estresse e tensão contraproducente, que, como um ladrão, chega imperceptível para roubar níveis da nossa virtude da resiliência

110 | ESPÍRITO ORGANIZACIONAL

e rebaixar nossa orientação civilizacional. Infelizmente, grande parte da mídia se baseia em somente projetar uma dose moderada de felicidade, ética e educação, pois essas geram aos espectadores um desconforto inconsciente pela abertura de uma lacuna existencial que precede o estado de frustração, tendo em vista que a grande massa populacional do universo vive sob o propósito e valor cultural de busca por estima e significado.

Devemos revolver esse círculo vicioso para um círculo virtuoso de retro-alimentação para modelos positivos e educativos. Basta a vontade política dos agentes, pois o círculo corrente representa o caminho mais fácil, a zona de conforto para visar o lucro, porém, com prejuízos à sustentabilidade cultural. Carecemos de intrépidos criativos para virar esse jogo e brindar uma nova sabedoria às próximas gerações. Ante fosse somente o pão e circo; matamos nossa fome com ultraje e sangue.

A atuação comercial demanda racionalidade no planejamento e emoção na execução. Se desenvolvermos o planejamento baseados na emoção, corremos o risco de nos tomarmos por devaneios, e não enxergar, negar ou negligenciar riscos que o mercado não perdoa. Portanto o posicionamento e a massificação osmótica e difusora devem se dar à luz da consciência. Porém o contato humano comercial implementado sob a abordagem emocional gera o estímulo de maior potência no público, que age e adere de maneira muito mais forte sob ação da emoção do que da razão. Tanto no planejamento quanto na abordagem da execução, se deve ter consciência de que a necessidade de tomada de decisão é escolha, portanto se contrapõe a perdas. Uma armadilha desse processo a que devemos atentar é o fato de que as opções não escolhidas tendem a posteriormente possuir valor superestimado, uma vez que, em se não estando sob a vivência delas, não sentimos e percebemos suas dores e pontos de risco; as concebemos em pensamento predominantemente somente como as perdas de oportunidades perante sua face positiva.

A identificação empática comercial de espelhamento de valores e escolhas tende a levar em conta tal inclinação do receptor, onde o emissor de excelência possui a consciência e habilidade de manter o público sob percepção de assertividade perante a eleição da nossa oferta.

Perante o estímulo constante que recebemos em nos viciar num modelo mental polarizado e dicotômico, nos segregamos entre tradicionais e progressistas. Creio que o caminho do sucesso é o equilíbrio, e a hibridização desses polos. Uma simples fórmula: a face tradicional para manter e preservar o que se demonstra positivo e possui valor; e a face progressista para imprimir transformação evolutiva positiva no que expande o bem-estar humano de maneira ampla, não se restringindo apenas à dimensão material, abrangendo a sustentabilidade, mente e espírito. Ou seja, são duas faces complementares, não excludentes. Ante o modelo tradicional-progressista, agimos sob a credibilidade e sustentação das raízes, e ao mesmo tempo temos asas para propulsionar o novo visando a melhoria da vida das pessoas. A frequente identificação conservadora da sociedade moderna se origina no fato de que o nosso medo da perda é dominante perante o ímpeto da oportunidade de ganhos. O ideal é equilibrar as duas motivações. Tomemos como exemplo o perfil da comunidade japonesa no Brasil, que, sob o valor da tradição e um antecedente de perdas em detrimento das guerras, imprime a preservação do que já se foi conquistado como valor cultural dominante: moderado arrojo, porém uma marca preciosa de credibilidade e segurança como propulsores da fatídica estabilidade e sustentabilidade. Em contraponto, vejamos a conduta sul-coreana no mercado, de franco-atiradores, arrojados, convivendo com maiores picos e volatilidade nos negócios.

Analisemos os posicionamentos das marcas de automóveis japoneses: qualidade reconhecida e assegurada, firmes e fortes, conservando seu espaço desde sempre. As coreanas, uma explosão de *marketing* e vendas, porém, vejamos o que sucederá no longo prazo. Interessante também observar nos Estados brasileiros de Santa Catarina e Rio Grande do Sul o tradicional conservadorismo da metade sul, e o maior progressismo da metade norte. No primeiro, ao norte, os arranha-céus margeiam as lindas praias às custas de impactos ambientais; no sul, o verde do encanto pinta a paisagem, às custas de uma repressão econômica imobiliária. Volvemos à Santíssima Trindade: ao fogo, à água, ao equilíbrio, que assim seja.

3.6. PROCESSOS ESTRATÉGICOS – A BÚSSOLA E OS HOLOFOTES PARA PAVIMENTAR O FUTURO

Neste espaço, não tenciono abordar com profundidade o aspecto tecnicista dos processos comerciais e estratégicos, mas sim seus propósitos. O aspecto tecnicista geraria o objeto focal de uma nova obra, devido à sua complexidade, que consome as horas de trabalho e rotinas de milhões de pessoas no dia a dia institucional. Os processos estratégicos decisórios dizem respeito ao acesso a mercado, gestão do portfólio, posicionamentos de produtos, serviços e marcas; precificação e valor; suprimentos e o plano de *marketing*.

O *marketing* estratégico tutora tais processos sob a visão de conduzir todos os setores e agentes ao atendimento das necessidades e desejos do mercado, portanto, o conceito não se destina a um departamento específico, mas sim a uma cultura organizacional onde todos destinam o foco e as tomadas de decisão baseados no impacto e satisfação gerados ao público-alvo.

Aos que pejoram o papel do *marketing*, tenho algo a dizer. Seu conceito se assemelha ao da liderança servidora, e do amor: atender às necessidades e desejos das pessoas de maneira economicamente viável e ambientalmente sustentável. Reiterando, necessidades são estáticas, aquilo que nos atenua ou remove do estado de desconforto ou aborrecimento; desejos são dinâmicos, aquilo que nos gera contemplação e prazer.

O setor comercial é composto pelas forças de *marketing* e vendas. *Marketing* é estratégia, o foco e a capacidade de pavimentar o futuro, sem esquecer do tático presente; vendas é tático, o foco em fazer negócios no presente, sem esquecer da estratégia futura. Podemos conceituar a concepção estratégica em esotérica e exotérica. A primeira, na qual se insere o *endomarketing*, consiste na elaboração de planos e ações com impacto

114 | ESPÍRITO ORGANIZACIONAL

na eficácia no interior da concha organizacional, visando o controle dos elementos-chaves internos e externos para as tomadas de decisão e gestão. O segundo, as elaborações e intervenções visando o impacto no público externo, o mercado, portanto, as ofertas e as imagens que constroem a adesão do público-alvo ao nosso objetivo ou negócio.

Estratégia consiste no que devemos fazer; tática em como devemos fazer. Assim sendo, o produto acabado da estratégia consiste na definição de objetivos e um plano de ação baseado em análises profundas, e, do tático, as ações para se atingir os objetivos, ou seja, a execução da estratégia. Se temos um tático forte e um estratégico fraco, é como um excelente capitão conduzir um barco sem bússola; se temos um estratégico forte e tático fraco, é como fornecermos um GPS de alta precisão a um motorista que não possui habilitação e controle para dirigir o automóvel. Se ambos são fortes, chegaremos ao paraíso competitivo.

Distinguir processos e cultura reluz os dois aspectos poderosos na força comercial organizacional. Processos são procedimentos, ferramentas para se conduzir e comunicar de maneira clara e organizada as tomadas de decisão e a efetividade das ações visando fortalecer o posicionamento competitivo. Cultura se refere à programação mental dos agentes que se reflete nos comportamentos e condutas desejáveis à concepção e execução estratégica, como, por exemplo, a integridade, proatividade, comunicação autêntica e a agressividade comercial. Processos sem cultura são como uma incrível receita de bolo feita por mãos sem habilidade e paixão, resultando em sabor e aspecto sem encanto. Cultura sem processo é como um bolo feito por mãos habilidosas e entusiasmadas, sem a orientação para medir os ingredientes, desarmonizando o aspecto e sabor.

O plano de *marketing* edifica a grande bússola que conduz a estratégia de negócios, concebido por uma metodologia analítica que se costura de maneira integrada-progressiva. Nele, analisamos com olhos de águia o interior da concha organizacional, e a conjuntura externa, identificando fortalezas, vulnerabilidades, ameaças e oportunidades como a gênese de um plano de ação estratégico e tático com precisão cirúrgica a suprir as lacunas competitivas negativas, e vitalizar as positivas, dando fluidez e assertividade ao processo competitivo evolutivo e inovativo, tendo em vista que, no mercado competitivo, o barco que desliga o motor afunda. Essa bússola se constrói sob a liderança do *marketing*, dando coesão e aderência aos aspectos e responsabilidades interdepartamentais perante os objetivos e ações, portanto, é uma abordagem que evolui do tático ao holístico e multidisciplinar: não é plano do *marketing*, mas sim plano de *marketing*.

Em se concebendo o plano de ação, a organização possui a oportunidade de periodicamente acompanhar o seu andamento, e identificar lacunas no poder de execução, diagnosticando falhas pontuais ou sistêmicas nos agentes e na capacidade de acesso deles perante o mercado, ou seja, conceder méritos de quem cumpre a missão, e intervenções nos focos onde a estratégia não se converte em prática. Um plano assertivo irá revelar a correlação positiva entre os bons resultados dos negócios e os agentes que os conduzem com excelência, tendo em vista que o sucesso em vendas é consequência de uma ótima estratégia bem executada. Plano de *marketing* enquanto bússola estratégica projeta resultados futuros, visando inclusive apontar retorno sobre investimentos, fundamental para instituições que possuem investidores, oportunidades avançadas para pessoas, e barganha e atratividade perante distribuidores de alto nível, que almejam ser parceiros de empresas sólidas e com crescimento bem pavimentado.

Uma organização estabelece crescimento à medida que desenvolve vantagem competitiva frente aos concorrentes. Nessa ótica, ao se olhar com olhos de águia para fora da janela, devemos constatar que dispomos de atributos e ações acima do nível dos competidores, sendo a participação de mercado a forma mais efetiva de se avaliar poder mercantil e desempenho competitivo. De nada adianta conduzir um carro a 100 km/h e estarmos satisfeitos e confortáveis na jornada se existem competidores acelerando seus veículos a 120, 200 km/h, cenário no qual, na realidade, estamos perdendo vantagem competitiva muitas vezes sem perceber, caso os olhos de águia estejam voltados somente para dentro da concha.

O posicionamento competitivo mercantil define a ordem organizacional, e a ordem mundial, do ponto de vista de nações. Organizações com poder mercantil superior são mais atrativas que as demais em um quesito ou mais

116 | ESPÍRITO ORGANIZACIONAL

dentre a capacidade produtiva, custos, tecnologia, ou intrépido criativo, ou seja, geração de valor. No meu ponto de vista, não há política de edificação da estrutura social mais eficaz do que o superávit econômico e o aporte de investimentos baseados na credibilidade e na ética como propulsores de emprego e renda, gerando dignidade e oportunidades a todos, associada à distribuição justa de recursos. Com esses requisitos, se pode formar uma sociedade autônoma e independente; ademais, não há possibilidade de assistencialismo sustentável sem a geração de recursos para tal. Para a construção dessa espiral, eis o clamor para que a competência e o foco político se concentrem na educação; ciência, tecnologia, extensão científica; e na ética, para, assim, concederem liberdade, prosperidade e fraternidade ao povo, ou, no caso de empresas, ao seu público interno.

Ao se mencionar o posicionamento competitivo de uma organização, devemos tomar a participação de mercado como a principal métrica, pois sua progressão determina se estamos na posição de predadores ou presas. Para se determinar o crescimento real de um negócio, não basta somente aferir uma porcentagem de crescimento de vendas diante de um período, mas sim relacionar o desempenho com o crescimento ou decréscimo do potencial do referido mercado no mesmo período. Se crescemos 6% em vendas de um período até outro, e por outro lado o potencial de mercado ascendeu 8%, estamos perdendo competitividade. Se a organização apenas observa os 6% incrementados, terá uma falsa percepção de sucesso, o que de fato pode ter sido muito positivo em termos de desempenho financeiro operacional, porém, do ponto de vista estratégico, devemos analisar com muita atenção os concorrentes, pois, se não houver uma justificativa consistente de natureza pontual, se aponta que a organização está sendo jantarada por predadores sem sentir dor. Nesse caso, apesar do incremento em vendas, o crescimento real foi negativo perante o mercado; e a análise das lacunas frente ao *benchmark* deve ser diagnosticada para se embasar a concepção e execução de um plano de ação. Em instituições com planos de *marketing* implementados, se consiste ideal esse plano de ação estar concebido em uma nova versão, ou inserido nas suas respectivas atualizações periódicas que são apresentadas e discutidas perante o fórum competente.

Em qualquer situação de mercado, a vantagem competitiva e o aumento da participação de mercado são obtidas necessariamente por meio do deslocamento dos concorrentes. Em mercados maduros, esse movimento ainda se faz necessário para se garantir crescimento de faturamento; em mercados retraídos, se pode estar reduzindo faturamento e mesmo assim ganhar participação de mercado. Em indústrias ou segmentos com potencial de mercado crescente, podemos obter incrementos de faturamento e resultados financeiros operacionais relevantes mesmo sem necessariamente ganhar vantagem competitiva, pois o mar está tão bom que há onda para todos surfarem; podemos nesse caso citar como exemplo o atual mercado de energia fotovoltaica no Brasil.

A vantagem competitiva pode ser avaliada sob a ótica estática ou dinâmica. No aspecto estático, avalia-se a posição organizacional perante a ordem do mercado no momento corrente. Na perspectiva dinâmica, podemos avaliar a posição competitiva referente aos movimentos estratégicos em curso, ou seja, um fluxo de ações em andamento e planejadas acima do mesmo fluxo que vem a ser desenvolvido pela concorrência. Desse modo, em termos estratégicos e de planejamento, podemos aferir ganho de vantagem competitiva em médio/longo prazo. Desse modo, por exemplo, uma organização pode se encontrar em uma posição de liderança no momento corrente (vantagem competitiva estática), todavia seus concorrentes estão desenvolvendo estratégias e ações que trarão a liderança em um ponto futuro (vantagem competitiva dinâmica). Esse dinamismo competitivo é a grande arte e magia do cenário, uma vez que o que acontece dentro da concha do *benchmark* são segredos industriais e se fazem invisíveis. Quando os novos atributos de vantagem competitiva de uma determinada organização que se apresentam ao mercado possuem alto valor percebido pelo público, e ao mesmo tempo são de difícil cópia ou replicação, instaura-se nos concorrentes uma árdua missão de conter um movimento de declínio.

Os movimentos dinâmicos competitivos se dão por *pipeline* de produtos, melhorias de excelência em custos, conveniência, serviços, acesso a mercado e encorajamento criativo, sendo que tais cursos se consolidam mediante lideranças positivas, comunicação purificada e condutas triunfantes;

118 | ESPÍRITO ORGANIZACIONAL

ademais, pela deliberação de investimentos assertivos. É fundamental se considerar que instituições que possuem vantagem competitiva corrente, por conseguinte estão obtendo maior lucro operacional, gerando maior capacidade de retroalimentação de investimentos que, por sua vez, possibilita desdobrar ainda mais superioridade. A capacidade de investimentos de uma organização é o combustível perante a possibilidade de gerar mais valor aos clientes. Porém os custos de oportunidade das inversões devem ser bem avaliados, objetivando a assertividade de alocar os recursos nos lugares em que realmente existem gargalos ou oportunidades propulsoras, baseados na análise de valor perante o mercado, ou seja, onde as alocações se converterão de maneira mais eficaz em desempenho e resultado. Em muitas organizações, as divisões de recursos seguem critérios muito mais políticos do que estratégicos e racionais.

Assertividade nas alocações de recursos se converte em vantagem competitiva. Além disso, empresas que investem conservadoramente estão sob risco competitivo diante das que investem deliberadamente, desde que o façam com assertividade nos focos de maior conversão entre aporte e valor gerado, ou melhor, proliferem e alimentem mais as vacas que produzem muito leite com menos consumo de energia.

As distintas concepções culturais tradicionais ou progressistas exercem seus impactos nas estratégias organizacionais. A abordagem tradicional conservadora valora e imprime de maneira mais sistemática a abordagem burocrática, sob o preceito de exercer maior controle, e dos valores de segurança e organização. Nessa cultura, há uma linearidade de lideranças e poderes com vista à preservação do *status quo*, inibindo o progressismo que é percebido como ameaça pelo potencial de mudar as regras do jogo, logo, os arranjos de poder. Nesse sentido, o tradicionalismo representa estagnação. A tradição, enquanto ilusão da permanência, conota a negação ao se acompanhar os movimentos e tendências, sob a crença de que o que provém do passado tem mais valor. Essa mentalidade vem condenando muitas organizações que historicamente são bem ajustadas à perda de vantagem competitiva perante um cenário dinâmico de abertura e globalização. O conservadorismo exacerbado se faz válido perante questões de preservação ambiental e resistência frente a entrantes com potenciais efeitos danosos; além disso, são os espinhos e arapucas no caminho progressista desenvolvimentista voltado à ordem competitiva.

Os efeitos reveses de uma cultura progressista desequilibrada e impetuosa são os potenciais impactos à sustentabilidade ambiental e social. Desenvolvendo-se sem a expressão dos efeitos potencialmente indesejados, essa programação mental abre lacunas positivas perante o *benchmark* com mais agilidade e naturalidade, pois bem se identifica com a motivação intrínseca humana de buscar novas experiências sensoriais, e buscar maior domínio de resultados baseados no desenvolvimento de habilidades e compreensão da realidade. Nessa direção, lançam proveito da abordagem diversionista, apelo de alta relevância na realidade cultural pós-moderna contemporânea.

Empresas de grande porte têm de tomar muito cuidado para não se perderem no excesso de burocratização, e se tornarem elefantes brancos: difíceis de derrubar, porém, com metabolismo e movimentos muito lentos; processos e retaguarda inchados com níveis muito elevados de custos indiretos, logo, como os elefantes, necessitam de muito consumo para manter a atividade funcionando em equilíbrio, portanto, difíceis de se sustentar em épocas de crise, vacas magras. Empresas pequenas e enxutas devem lançar mão da baixa identificação com o aspecto burocrático, agilizando processos e soluções; reação frente aos movimentos de mercado, e uma comunicação de cadeia curta e direta. Ser como o beija-flor, com metabolismo acelerado, altamente adaptáveis e flexíveis; com estrutura leve, em épocas de vacas magras, não caem, param no ar.

Perante esse contexto, o equilíbrio no dimensionamento da retaguarda em relação às estruturas geradoras de receita, a força comercial, se faz fundamental. O desequilíbrio pendendo para o superdimensionamento da estrutura de acesso ao mercado corre o risco da não entrega do serviço esperado, portanto, a percepção de cinismo; do contrário, a eficácia comercial resulta em baixo lucro operacional e margem de sustentação perante períodos de crise.

A inteligência de mercado sob a constante vigilância do *benchmark* orienta as lacunas competitivas negativas e positivas da organização; representa

120 | ESPÍRITO ORGANIZACIONAL

os olhos de águia vigilantes sob a perspectiva do retrovisor e do painel. Estratégia consiste essencialmente em preencher as lacunas competitivas negativas, e elevar, distanciar as positivas, que representam as singularidades competitivas, que, se ausentes, dificilmente o negócio assumirá a posição dianteira frente a algum posicionamento. Ao se diagnosticar as lacunas competitivas, devemos relacioná-las ao levantamento de análise de valor do público-alvo. O *status* de unicidade perante atributos de alta percepção de valor caracterizam o paraíso competitivo; ante os de baixo valor, os posicionamentos são endêmicos, ou até mesmo de nicho. As lacunas negativas perante os atributos apreciados pelo público são foco do plano de ação estratégico; e o próprio *benchmark* nos aponta as melhores práticas a serem modeladas, adaptadas e aprimoradas. Ou seja, competitividade consiste em vedar lacunas competitivas negativas; promover ou elevar lacunas positivas. De nada adianta querer sofisticar a mesa sem antes dominar um feijão com arroz bem-feito, que enche a barriga; fazer o óbvio melhor do que os concorrentes.

Perante a supercompetitividade imposta nos mercados, a geração de valor não se restringe somente a produtos; se expande aos demais atributos de serviços, promoção, condições financeiras e comerciais, conveniência. Uma empresa prospera não somente por meio de um atributo vantajoso, mas sim "piramidando" de maneira constante um atributo acima dos outros, em movimento constante de evolução e ou inovação. Além do mais, é de grande relevância se considerar as concorrências indiretas presentes no negócio, que demandam que rivais de uma mesma indústria, em paralelo, se unam e organizem em prol do fortalecimento de sua cadeia e a expansão da demanda dos seus segmentos, seu potencial de consumo. Nesse contexto, companhias aéreas devem se preocupar com os movimentos das indústrias de transporte rodoviário e ferroviário; e a hamburgueria do bairro, com a pastelaria que abriu a duas quadras de distância.

Em termos de imagem de marca, as empresas podem se colar na mente e percepção dos consumidores por um ou mais fatores dentre excelência em produtos, preço baixo, fácil acesso, excelência em serviços e atendimento, ou experiência promovida. Não necessariamente, o objetivo institucional se faz em contemplar todos esses, apenas alguns, em consonância com as expectativas pertinentes ao público-alvo em que se deseja construir o posicionamento. Por exemplo, a produtos ou empresas que visam atingir o comércio de luxo não convém o posicionamento de preço baixo, pois antagoniza com a percepção de valor do cliente, tampouco podem restringir o fácil acesso, gerando no público uma sensação de exclusividade e privilégio. Uma empresa que possui a liderança por excelência em produtos, e assim bem os comunica, poderá estar meramente perdendo captação de valor ao se posicionar com preço inferior ao dos concorrentes, principalmente em mercados com menores níveis de elasticidade de demanda. São líderes e atuam com elevada captação de valor, a Coca-Cola e o sabão em pó Omo, que trabalham com os níveis mais elevados de preços do segmento. Existe o grupo de empresas focadas no consumo popular por meio do foco em preço baixo e excelência em custos, essas organizações dificilmente gozarão da excelência em produtos por, em grande parte das vezes, serem acomodações antagônicas. Portanto, ao se definir os posicionamentos pertinentes e fundamentais aos objetivos, as empresas devem buscar o constante aprimoramento por meio da evolução e da inovação. Porém, para se obter uma imagem icônica perante o mercado, se deve buscar a superexcelência em um dos fatores e a comunicar de forma encantadora. Vide Harley Davidson ou Walt Disney, e a mágica experiência promovida; a Apple e sua excelência em produtos.

Um fenômeno cada vez mais comum e intenso nas organizações consiste na hipercompetitividade. Essa se caracteriza por uma indústria com alta ou crescente quantidade de *players* em mercados maduros ou com taxas de potencial de crescimento inferiores às projeções de crescimento desses. Esse fenômeno ocorre tipicamente em concorrências pautadas pelo movimento de evolução, no qual os produtos e ofertas com o passar do tempo vão se tornando cada vez mais pareadas e com diferenças sutis de benefícios. Setores atrativos com níveis baixos de barreiras conjunturais de entradas e saídas de empresas são mais propensos ao inchamento de ofertas. Evidentemente, tais níveis muitas vezes são promovidos voluntariamente por meio de políticas para se estimular o maior nível de competição em indústrias que estão sob um oligopólio lesivo ao público, tendo a livre concorrência expandida como meio de estímulo à melhoria de serviços e ofertas por parte das empresas, ocorrência necessária e notável como tal a inserção dos diversos bancos digitais no mercado brasileiro. Claramente, quando se faz o movimento oposto e se levantam barreiras para se proteger os monopólios ou oligopólios no âmbito privado, estamos diante da prática do *lobby* político e do jogo de interesses do estamento burocrático tipicamente implementado em conjunturas corruptas, com importantes danos ao progresso e à prosperidade coletiva.

Oligopólios e concorrência restrita se inclinam a lesar o consumidor com maus serviços e preços abusivos; hipercompetitividade tende a lesar as empresas, que, por sua vez, se veem condicionadas a batalhas predatórias de preços, e, por assim dizer, deflacionam os seus mercados, enquanto a inflação geral assume movimento destoante, perdendo poder de investimento e de bem manter e fomentar sua máquina estrutural; e acolá superlançar esforços nas captações ativas de clientes e nas comunicações de marca.

O cenário hipercompetitivo é inevitável a muitas organizações e as determina um alto nível de pressão na busca por eficácia visando a perenidade. São muitos elefantes para adentrar um mesmo trem. Nesse vagão, quem viaja em pé e quem viaja sentado? O público-alvo determina: o privilégio de sentar-se se concede a quem está presente na hora certa, comove mais e/ou apresenta proposta de valor superior. Você está apto a viajar em pé ou sentado?

A dinâmica do mercado é como cozinhar macarrão: se damos muito foco a realizar um molho sofisticado, e não atentamos ao cozimento do espaguete, este vai ficar cru, ou sobrecozido, ou com dose errada de sal. Nos negócios, ante tudo, devemos estar seguros de estar fazendo o óbvio muito bem-feito; posteriormente, melhor que os concorrentes; e, a partir disso, sofisticar. De nada adianta uma cultura pseudoinovadora que negligencia fazer o básico com excelência, que é o que de fato sustenta a barriga, como o espaguete.

Mas o que seria esse óbvio? Dentre os atributos do produto, posicionamento, valoração, acesso a mercado, promoção e pessoas, diagnosticar as lacunas negativas diante das réguas do *benchmark* e as equiparar ou sobrepor;

e, pela análise de valor, identificar necessidades, desejos explícitos e latentes do público-alvo e, por meio dessas, subir a régua competitiva abrindo uma lacuna positiva frente ao mercado. Esse deve ser o foco obsessivo das organizações, para, a partir desse alicerce, se aventurar em projetos diferenciados. Evidentemente, dentre tais atributos, uma instituição que em qualquer momento logra realizar um movimento de revolução e altera as regras do jogo passa a transcender a vantagem competitiva, podendo se projetar ao paraíso competitivo. Cabe ressaltar que aqueles que promovem a revolução não são entidades, mas sim os indivíduos de carne, osso, mente e espírito que as compõem, uma vez encorajados diante de um terreno cultural fértil à manifestação do intrépido criativo.

Na roda da ordem organizacional de evolução e revolução, instituições líderes se perpetuam na posição à medida que tratam de predar a si mesmos antes dos concorrentes, caso contrário, em uma batalha, quem fica estático sentado em berço esplêndido acaba sendo atingido e sobreposto pelos desafiantes que, por sua vez, estão tratando de prosperar por meio da construção de vantagem competitiva dinâmica. Desafiantes com ambição de serem líderes se encontram na zona de tensão e moção predatória constante, muitas vezes chegando em um movimento de ataque repentino sem dar chance de defesa ao desafiado. Menos ambiciosos são os seguidores, ordinariamente dispostos às margens do espaço do mercado, como a segunda ou terceira opção, buscando eventualmente um posicionamento de preços baixos àqueles consumidores mais sensíveis a tal apelo. Por fim, os *players* de nicho, que abdicam dos negócios de escala massiva para atuar em segmentos cuja demanda é superespecífica para atender a um público cujas necessidades ou desejos são muito peculiares em relação ao grande senso ou demanda comum.

Podemos sustentar que, na grande maioria dos mercados, o produto é o principal agente competitivo, de maneira que os demais aspectos de comunicação, valoração, acesso a mercado e promoção rematam girando em torno de sua órbita, exceto quando se trata da comunicação ou promoção com fins exclusivamente institucionais. O primeiro passo consiste em desenvolver a constelação. Diga-se de passagem, até mesmo a comunicação institucional visa sustentar a mercancia. Mesmo que uma

124 | **ESPÍRITO ORGANIZACIONAL**

organização se desponte no ambiente competitivo por meio desses atributos adjacentes, esses da mesma forma estão se movendo em torno de uma oferta de produto, pois, afinal, essa consiste no objeto que permutamos por valor monetário, que sustenta a instituição.

Em uma organização, os negócios devem ser divididos em seções ou setores e, se for o caso, subsetores. *Exempli gratia* uma indústria química, que possui um setor de fertilizantes que, por sua vez, se desdobra nos subsetores primários de grãos e horticultura, que ainda são fragmentados, por exemplo, o segundo, entre subsetores secundários de frutíferas, hortaliças e flores, sendo ainda *verbi gratia* o primeiro subsegmentado terceiramente entre culturas, como maçã, banana, pêssego etc.

O portfólio se formata ao nível mais afunilado possível da subsegmentarão dos negócios, como no caso elucidado da indústria de fertilizantes: "Portfólio para a cultura da maçã"; pois, desse modo, perante um mercado supercompetitivo, atuamos com compatível nível de *expertise* e foco perante os clientes. O gerenciamento de produto, bem como o plano de *marketing*, nesse caso, em se dependendo da escala dos negócios, se deve abranger no escopo dos setores ou subsetores, podendo se dispor de um gerente de produto e um plano de *marketing* para fertilizantes, ou para horticultura, ou para fruticultura, ou para maçã, sendo quanto maior a proporção dos negócios e a abrangência da organização, mais se faz viável e desejável o gerenciamento e planejamento ao nível mais afunilado dos subsetores. Nesse caso, em uma grande empresa, teríamos um gerente de produto e um plano de *marketing* para a cultura da maçã. Em se construindo um "portfólio para a cultura da maçã", esse é formatado em segmentos e fases do ciclo de vida dos produtos. As segmentações são fundamentais para discriminar, dentro de um setor ou subsetor, de uma maneira que faça sentido para a gestão do negócio, diferentes tipologias de produtos, visando gerir e atender a distintas necessidades, desejos, culturas e níveis tecnológicos.

Assim como os setores, as segmentações podem dispor de subsegmentos e seus respectivos níveis. Seguindo no caso mencionado, podemos segmentar o portfólio para a cultura da maçã em orgânicos ou minerais. *Verbi gratia* os minerais, podemos subsegmentar em primeiro nível em fertirrigação ou granular, e posteriormente exemplificando o segundo caso, em segundo nível, entre composições para as fases de formação de planta ou frutificação; ou nutrientes avulsos. Logo, dentro do portfólio de fertilizantes posicionados para a cultura da maçã, teremos tal como uma segmentação delineada como "minerais granulares para frutificação", ou "minerais para fertirrigação de formação de planta", ou "minerais avulsos para fertirrigação" etc. Dessa forma, em suma, partimos de uma segmentação aberta e vamos fechando ao nível que mais faça sentido ao negócio sob o propósito de se atender e gerenciar as segmentações de mercado, logo, necessidades e desejos da forma mais precisa e assertiva possível. Por conseguinte, as linhas do portfólio, neste caso, fertilizantes para a cultura da maçã, devem conter todas as segmentações lineares. Dentro de uma segmentação delineada, temos de relacionar os produtos com as respectivas fases do seu ciclo de vida; e ponderar que diferentes produtos dentro de uma mesma segmentação delineada podem ter distintos posicionamentos, tal como, dentro da segmentação "minerais granulares para formação de plantas", produtos, formulações, para plantas com alto ou com baixo vigor, cabendo à *expertise* do gestor de produto discernir as diferentes possibilidades de posicionamento e demandas dentro de uma segmentação delineada, com vistas a construir um portfólio abrangente e forte para todos os públicos.

A relação da segmentação delineada com as fases do ciclo de vida dos produtos, dispostas nas colunas, nos permite analisar a saudabilidade e sustentabilidade do portfólio. As fases do ciclo de vida do produto são dez, sendo as duas primeiras sob ingerência dos setores de pesquisa e criação, e as demais da área comercial. São elas, e algumas de suas características relevantes:

- **I e II: as fases de criação**, sob ação do intrépido criativo para evoluir ou revolucionar.

- **III: desenvolvimento de produtos.** Nessa etapa, os produtos ou protótipos criados e identificados como potenciais posicionamentos mercadológicos são levados a campo para a avaliação e

126 | ESPÍRITO ORGANIZACIONAL

validação de *performance* com uma amostragem do público-alvo dentro de uma primeira visão hipotética ou vislumbrada de posicionamento. Nessa hora, é importante realizar a testagem com diferentes perfis de indivíduos dentro do público-alvo para se perceber a abrangência da possibilidade da alocação e correlacionar os atributos do produto com as percepções e *performances* frente a diferentes perfis. Repare que é nessa fase que as definições parciais ou absolutas do posicionamento do produto são direcionadas e concluídas. Por meio da avaliação e validação da *performance* com o público-alvo sob um planejamento de ensaios bem concebido, estamos aptos a aferir as vantagens competitivas, tal e qual o quando, o onde e o como são percebidas e, com base nisso, definir as bases de posicionamento ótimo, marginal e de risco. Ou seja, em se havendo e identificado o posicionamento, podemos avançar o sinal verde para o lançamento do produto no mercado. Para tal, não basta apenas se confirmar o posicionamento mercadológico; para seguir em frente, em paralelo ao processo, necessitamos obter o sinal verde do departamento de produção e suprimentos quanto à viabilidade da produtibilidade e replicação do item.

- **IV: pré-comercial.** Nesse estágio, inicia-se a girar a roda em termos de planejamento e execução dos suprimentos baseado em uma previsão de vendas introdutórias, bem como as ações promocionais no âmbito tático de campo e da comunicação, visando maximizar prospecção e demanda para um lançamento eficaz em termos de assertividade de posicionamento e penetração de mercado. Ademais, nessa fase, sob um espectro mais amplo de exposição e experimentação do produto pelo público-alvo, temos a oportunidade de realizar ajustes finos no posicionamento do produto.

- **V: introdução ou lançamento.** Objetiva-se a penetração de mercado ante estratégia osmótica ou difusiva, como o foco de ação visando a autossobreposição ou predação dos concorrentes via posicionamento de produto e demais elementos adjacentes que visam vantagem competitiva.

- **VI: crescimento.** O objetivo do movimento de penetração de mercado se amplifica à massificação, que demanda capilaridade, capacidade de suprimentos e, principalmente, compreensão nivelada do posicionamento do produto perante uma ampla escala do público. Uma atuação com excelência em acesso a mercado e posicionamento vislumbra altivar a curva de crescimento ao nível máximo compatível, e estabilizar a maturidade nesse patamar elevado.

- **VII: maturidade.** Uma boa atuação comercial estabelece o nível de maturidade do produto compatível com seu potencial de posicionamento. Nessa fase, o produto é considerado uma vaca leiteira, com seu posicionamento estabelecido. Manter o produto em maturidade significa lançar mão de estratégias de defesa contra ação de predadores; essa maturidade se perdura de maneira mais espontânea tão maior é o nível de *performance* frente aos concorrentes. Períodos longos de maturidade caracterizam os produtos com *status* de consagrados, e/ou mercados com baixo nível de competitividade e renovação. Etapas curtas, os produtos com níveis mais vulneráveis de posicionamento ou implementação débil desse, bem como mercados com elevado nível de competição e renovação tecnológica.

- **VIII: declínio.** Representa a obsolescência da oferta, que demanda esforços estratégicos para manter o produto em estado de sobrevivência enquanto sua lucratividade em vendas se manter interessante como margem de contribuição aos negócios.

- **IX e X: mutação ou reciclagem.** Nesse ponto, se permite meramente seguir comercializando o estoque remanescente se houver possibilidade, para posteriormente descartar o produto do portfólio comercial, por não haver mais demanda ao menos que justifique uma mínima margem de contribuição atrativa.

Perceba que dentre as passagens de fases III e V existe a necessidade de venda interna, sob forte envolvimento e fluidez interdepartamental, pois se é repassado o bastão da gestão e responsabilidade do processo no sentido criação, desenvolvimento de produtos e vendas.

Esse fluxo do ciclo e vida do produto pode não se comportar com essa linearidade harmônica. Em mercados muito dinâmicos, por eventos fortuitos, ou por erros estratégicos ou táticos, um produto pode realizar um movimento de retorno de fase, ou pular alguma fase. *Verbi gratia* uma das situações mais relevantes que demandam atenção perante esse princípio se refere a um lançamento (V) que, por erro de posicionamento, ou algum movimento inesperado do *benchmark*, não emplaca no mercado, tendo que passar diretamente às fases IX ou X. Dentre as fases V e VI está em jogo a massificação do posicionamento do produto, logo, seu sucesso ou abismo. O triunfo de um produto consiste em fazê-lo se tornar uma estrela ou vaca leiteira, e isso se consolida com o crescimento e maturidade, que são construídos passo a passo com a qualidade do trabalho em todas as fases antecessoras.

Para se formatar um portfólio, então, teremos o eixo dos segmentos delineados e o eixo das fases do ciclo de vida. Sendo assim, inserimos os produtos na posição correspondente ao seu segmento e sua fase. A formatação de um portfólio, dessa maneira, se faz fundamental para se realizar uma análise e gestão desse.

Dentre as principais análises a se proceder, temos: força do portfólio, em que se analisa o nível de posicionamento de nossas ofertas frente aos concorrentes, de modo a aferir em quais segmentos estamos sob vantagem ou desvantagem competitiva; lacunas de portfólio, de maneira a se observar segmentos importantes com ausência de ofertas ou baixa taxa de renovação, logo, vulnerabilidade quanto a sua sustentabilidade, como, por exemplo, quando temos produtos em maturidade, outros em declínio, porém não dispomos de nada nas fases anteriores, estando assim na posição de vidraça perante a concorrência; inchamento de portfólio, quando estamos inserindo produtos mais em quantidade do que em qualidade, podendo gerar posicionamentos fracos e dificuldade de compreensão e foco por parte do corpo comercial.

Um portfólio ou segmento saudável construído por um setor de criação e *marketing* eficaz possui um ótimo nível de contemplação de produtos novos, crescentes, maduros e obsoletos, demonstrando alta capacidade de renovação e reciclagem, e de geração de receitas. A organização que consagra vacas leiteiras no mercado necessita atentar para evitar a armadilha da acomodação, pois essa suprime a sustentabilidade de médio longo prazo dentro de um segmento por permitir que concorrentes construam vantagem competitiva dinâmica; empresas de excelência predam suas vacas leiteiras no momento certo antes que os concorrentes o façam.

Ademais, o nível de foco e investimentos do setor de criação e desenvolvimento deve possuir uma escala de prioridade em relação a privilegiar os segmentos com maior potencial de mercado e de crescimento. Evidentemente, ao se avaliar o potencial de negócios de uma organização não se deve apenas observar os segmentos mais valiosos, mas, do mesmo modo, as fortalezas que possui para atacar cada um deles. Dessa forma, podemos atuar com maior nível de foco em segmentos importantes, não necessariamente os maiores em potencial, mas sim onde nos dispomos com alta capacidade de posicionamento, seja pela qualidade dos produtos, *expertise* ou estrutura disposta. Sob esses, construímos a força de marca.

Quanto mais concentradas são as vendas em uma menor quantidade de produtos ou serviços, mais vulnerável se encontra o negócio. Um portfólio saudável e sustentável é composto por um alto número relativo de produtos estrelas, ou vacas leiteiras, pois, nesse caso, ao perder mercados em alguns produtos, o impacto é relativamente mais baixo, pois existem diversos outros sustentando o faturamento. Quando há muitos poucos produtos concentrando o faturamento, uma hora esses tendem a ser predados, e os impactos podem ser catastróficos. É preferível faturar mil unidades monetárias com vinte produtos fazendo cinquenta cada um, do que com dois fazendo quinhentos cada, pois, nesse caso, se você perder mercado de um, a metade das receitas é comprometida. Nesse sentido, grandes negócios buscam aumentar a quantidade de produtos em seu Pareto de vendas, reduzindo a dependência de poucos produtos estrelas por meio do aumento da quantidade desses. Quando colocamos todos os ovos em uma cesta, quando essa cai, perdemos todos os ovos; quando colocamos em diversas cestas, quando uma cai, seguimos seguros.

Mesmo dentro do mesmo segmento delineado de mercado, podemos ter diversas possibilidades de *design* de produtos, baseados em diferentes posicionamentos por adaptações a diferentes públicos e suas culturas, níveis tecnológicos e ambientes, cabendo ao gestor de produto juntamente com o departamento de criação discernir isso para se obter de maneira assertiva os perfis de produtos a serem concebidos e desenvolvidos a cada possibilidade de posicionamento estratégico de mercado. *Exempli gratia*, voltando ao exemplo que embasamos de fertilizantes para a cultura da maçã, podemos ter dentro do segmento delineado "minerais para fertirrigação de formação de planta", formulações para plantas de baixo ou alto vigor; com adição de aminoácidos ou enraizadores; especiais para diluição em água salobra etc.

O *design* de produtos deve trabalhar com dois olhos: um ao buscar superar as ofertas provenientes do *benchmark* bem aceitas pelo público, tendo os atributos delas como referenciais para se obter uma disposição de mercado; e o outro na busca por agregar novos atributos cujo valor seja expresso ou latente, será percebido e apreciado pelo público-alvo.

Podemos destacar algumas situações em que uma organização encontra o estado da arte diante da gestão do portfólio. A primeira é quando, por meio da capacidade inovativa, a instituição concebe e desenvolve uma nova segmentação que todo mercado se obriga a adaptar e seguir, mudando as regras do jogo competitivo. Um exemplo disso é o movimento da Nespresso frente ao mercado de café. A outra é quando a empresa, além de ter a capacidade de estar muito acima do *benchmark* em produtos, possui elevada taxa de renovação, e induz periodicamente seu público à recompra por meio da obsolescência natural ou programada, muito comum na indústria eletrônica, indústria da moda e até mesmo de lâminas de barbear, entre outras.

Empresas, mesmo possuindo setores de criação, desenvolvimento e produção, ao se deparar com lacunas de portfólio em segmentos estratégicos e relevantes, podem lançar mão de alianças estratégicas de *outsourcing* como fonte complementar de produtos ou serviços, garimpando e realizando parcerias com empresas interessadas em licenciar.

As relações de *outsourcing* representam uma tremenda oportunidade de ganha-ganha pelo casamento entre uma empresa com boa capacidade de acesso a um determinado mercado, e outra com produtos disponíveis necessitando expandir os negócios via expansão territorial. Quão maior a capacidade de acesso a mercados e expansão geográfica de uma empresa, maior será seu poder de atração perante excelentes fornecedores de *outsourcing*, sendo essa relação de interdependência em muitos casos de extrema valia para se obter portfólio completo com amplas possibilidades de posicionamentos.

Por outro lado, se a organização possui, em determinados segmentos, uma supercapacidade criativa, de maneira a tal abundância encontrar um gargalo na capacidade de vendas e desenvolvimento, deve-se considerar a estratégia de licenciamento de produtos como forma de maximização dos negócios. A aliança estratégica de licenciamento se realiza com outras empresas do mesmo setor visando conceder produtos para serem vendidos sob outras marcas, de forma que a empresa criadora receba *royalties* sobre as vendas, ou realize a produção e comercialize para a licenciada. A análise para tomada de decisão em se aderir ou não a uma estratégia de licenciamento leva em consideração seus prós e contras. Dentre os prós, a oportunidade de maximizar penetração de mercado e faturamento em segmentos onde há um vasto espaço para tal, e a organização encontra limitações em termos de acesso a mercado ou capilaridade; desenvolver uma relação ganha-ganha com outros *players* do mercado, onde esses irão faturar em segmentos onde a organização licenciadora é forte, mantendo-os confortáveis e com ímpeto reduzido para angariar esforços em redefinir a segmentação de mercado; e avaliar a força de vendas, pois, uma vez o concorrente tendo acesso a produtos similares ou nem tanto, se os mesmos alcançam volumes de vendas muito superiores ou inferiores, se permite inferir de forma assertiva as lacunas positivas ou negativas frente ao *benchmark* no quesito eficácia comercial.

Dentre os contras, damos a oportunidade a empresas concorrentes aumentarem sua visibilidade de marca, atuarem em novos segmentos e obterem maior lucratividade, inclusive predando a própria empresa fornecedora.

3.7. VENDAS – OS CLIENTES QUE ME CONVIDAM PARA O JANTAR

A profissão de vendedor é a arte do relacionamento e da conexão humana, em que o profissional possui o poder de disponibilizar ofertas visando a melhoria do bem-estar dos indivíduos, agregando valor por meio de soluções e prazeres à vida das pessoas. Para se atuar de maneira imersa e fidedigna perante essa essência, o indivíduo comerciante deve possuir uma forte estrutura de personalidade sociável, de modo a considerar as inter-relações pessoais como um dos principais, se não o maior, valores da vida.

Fruo grande admiração à arte dos exímios comerciantes, que satisfazem e superam as expectativas do seu público; os que adentram a cozinha dos grandes clientes. A habilidade social representa o carisma e a empatia. O cliente tem de gostar de você, o querer por perto. Quando essa habilidade se une à expertise técnica, o vendedor, além de seus produtos e serviços, frui uma marca própria que agrega valor e magnetiza clientes por si só. A competência social suscita o desenlace afiliativo informal, tendo em vista que, por meio das interações mais despojadas, desenvolvemos uma vibração interpessoal extraordinária, onde o processo empático por identificação e interconfiança assume uma dimensão mais ampla e pujante, transcendendo a relação fornecedor-cliente. A esfera informal despojada, extraoficial, ademais, consiste em um ambiente no qual se geram grandes ideias, decisões e negócios, até mesmo pelo fato de, sob essa atmosfera, grande parte dos indivíduos assume estado e conduta de maior autenticidade.

As projeções de vendas de uma organização que são concebidas por meio do planejamento orçamentário e/ou plano de *marketing*, e, muitas vezes dispostas aos *stakeholders* como distribuidores e investidores, correspondem

134 | ESPÍRITO ORGANIZACIONAL

a meras pretensões, caso não estejam guarnecidas por um planejamento estratégico e tático que as sustente do ponto de vista de produto, posicionamento, acesso a mercado e promoção. Vendas é, sim, um fim, todavia, mais que isso, a consequência de uma concepção e execução de um plano de ação estratégico e tático. Todos os *players* do mercado tendem a perseguir e exibir projeções crescentes, porém, de fato, quem as obtêm de forma íntegra são as organizações com os melhores planos e qualidade de execução; projeções de vendas dissociadas do caminho para chegar até elas são abordagens pouco convincentes. Organizações sólidas apresentam projeções embasadas em um planejamento assertivo e sua respectiva capacidade de realização.

O processo de transação comercial está conexo à capacidade de argumentação ética do agente, baseada no profundo conhecimento técnico, *expertise*, do que se está ofertando que, por sua vez, concede a autoridade moral do vendedor; do contrário, o profissional que lança mão de argumentações sem tal conhecimento está sob risco de prejudicar o outro lado em prol de um resultado imediatista e irresponsável, caracterizando a manipulação que, por sua vez, gera o temerário ímpeto de vender para todos de qualquer modo, sem coerência com o contexto, negligenciando os posicionamentos e a essência da atuação, gerando insustentabilidade e prejuízos à imagem da marca.

Nessa direção, o ponto central da atuação comercial é o posicionamento do produto, pois é esse o objeto pelo qual obtemos valor financeiro, e, ademais, todos os demais elementos estratégicos giram em torno desse. A partir do domínio do posicionamento dos produtos que nos tornamos aptos a atribuir valor, preço, promoção, comunicação e acesso a mercado, ou seja, a base estrutural para toda abordagem de vendas. Uma equipe de vendas que domina posicionamento já está apta a uma atuação com alto nível de competitividade, porém esse irá conceder um foco consultivo do "como" se obter a alta percepção de valor da oferta, perante uma abordagem com viés predominantemente racional. Avante a isso, equipes comerciais de excelência transcendem o como e logram agregar a concepção do "porquê" de suas ofertas, baseadas em benefícios que rementem a propósitos maiores, contemplando as adjacências psicológicas do público, atingindo e estimulando o cérebro emocional (límbico) que, por sua vez, possui a dominância perante as tomadas de decisões. Em se dependendo dos valores do cliente, esse estímulo, logo abordagem, pode se dar ao se projetar esse a uma perspectiva de remoção de dores, sensação de segurança, evitar perdas, pertencimento ou apreciação social, obtenção de *status* ou aumento de rendimentos.

O domínio do posicionamento de mercado (como, quando e onde) e do valor do produto (porquê), bem como a habilidade para abordá-los, consiste na excelência em vendas. Ainda, o estado da arte se encontra quando o conhecimento e abordagem do vendedor consultivo vai além e se expande às adjacências que irão representar o comprometimento com o sucesso e satisfação do cliente, *verbi gratia,* as melhores formas de se obter financiamentos, aspectos da conjuntura político-econômica, tendências.

Uma organização que se orienta ao crescimento deve discernir as vendas passivas das vendas ativas. Em vendas passivas, o cliente vem até a oferta com uma elevada predisposição a fechar o negócio; desse modo, podemos definir que não se foi realizada uma venda, mas sim sofrida uma compra. Esse tipo de transação é típico de produtos estrelas consagrados. Em se tratando de vendas ativas, se existe o mérito de ir ao encontro do cliente no momento certo e abordar; perceber as necessidades, desejos e valores por meio da capacidade de realizar as perguntas certas e ouvir com atenção; e captar os sinais, na maioria das vezes concedidos por meio de palavras--chaves emitidas. A capacidade de venda ativa de uma equipe comercial determina o potencial de crescimento de uma organização, assumindo papel fundamental no crescimento de produtos, principalmente os novos, uma vez que necessitam ser apresentados ao público, visando deslocar as ofertas já aderidas ou a expansão dos mercados.

Todos os indivíduos possuem uma hierarquia de valores, que detona os diferentes níveis de importância atribuídos às coisas, ações e modos de vida. Ao se tomar conhecimento das possibilidades de ordenação de valoração do público-alvo e as correlacionar com fatores culturais, geográficos, éticos, etários, nível tecnológico ou cultural, e escala, podemos segmentar os consumidores, em casos de ofertas massificadas; ou, em caso de negócios mais customizados e direcionados, até mesmo os que portam uma gama muito concentrada ou exclusiva de clientes, chegar ao nível pessoal. Em mercados de alta escala, a customização por meio da seleção dos clientes com maior potencial visa tal qual se gerar ofertas específicas tencionando ir mais ao encontro de tal estrutura de valores do público. Para mais, as organizações que arranjam ir além de uma oferta de produtos, serviços e condições padronizadas aos determinados grupos de consumidores de maior potencial, e passam a se identificar mais com os subgrupos com valores relativamente homogêneos, surge a preciosa oportunidade de estabelecer uma identificação e interdependência ímpar com o cliente. Inovações geralmente são muito associadas a produtos, porém, tal qual, encontram-se em abundância latente na maneira de se abordar e encantar o público.

Dentre os atributos de uma ordenação de valores grupal ou individual, é fundamental diferenciarmos as necessidades, que denominarei de hedonismo estático; e os desejos, que chamarei de hedonismo cinético, baseado no conceito brindado pela filosofia grega provecta. O ser humano está em constante busca por conforto ou prazer. O conforto se faz atingido pela ausência do seu antagônico, representado pelo estado de carência, dor, insegurança e aborrecimento. Repare que a minimização ou eliminação do estado de desconforto representa o que definimos como necessidades; essas meramente movimentam o estado do ser de uma posição negativa a uma posição de prazer, gerada meramente pela ausência ou supressão do desconforto, ou seja, à neutralidade, por esse motivo, definido como hedonismo estático.

A partir das necessidades supridas, o indivíduo passa a perseguir um outro tipo de prazer positivo associado às experiências e sensações organolépticas, de maior controle e lucidez perante a realidade, busca por estima e *status*, bem como a realização de grandes feitos. Estamos, a partir desse ponto, diante das satisfações psicológicas, que assumem uma dimensão sem limites perante o apetite humano de querer mais e melhor, assim como fazer da vida um espetáculo contemplativo, por meio do hedonismo cinético.

Vender necessidade é vender solução, gerar não insatisfação, ante tudo, o sonho de um alento; vender desejo é vender prazer e satisfação, além de tudo, o sonho da escapulida plenitude.

Todas as atividades e esforços de uma organização objetivam essencialmente suportar e gerar o processo de vendas. Profissionais de vendas não podem ser percebidos como descartáveis. São agentes imprescindíveis à medida que possuem o papel de estender todo valor agregado ao público externo, suscitando benesses sociais, e dispondo o desempenho da organização tal qual suas amplitudes possíveis. Portanto, um dos investimentos mais cruciais de uma organização aspirando ao triunfo é a plena capacitação da equipe comercial. Em mercados supercompetitivos, quem faz grande parte da diferença são as pessoas.

A base da competência e formação de um profissional de vendas é o seu domínio técnico da oferta; habilidades sociais, de comunicação e persuasão; motivação, ambição e autoconfiança. Em se concedendo treinamentos de alta qualidade que abrangem todas essas dimensões, se invoca a capacidade cognitiva do profissional receptor para de fato converter o conteúdo auferido em maior nível de funcionalidade e qualidade diante das estratégias de abordagens frente aos clientes. Quanto mais fornecidas ferramentas técnicas e comportamentais, proporcionalmente mais se deve esticar os parâmetros de *performance*, para, desse modo, se obter o retorno sobre o investimento, e, do mesmo modo, se oportunizar a detecção de atitudes e indivíduos com menor capacidade de expansão a fim de se suster as tratativas corretivas.

Por evidente, aos agentes comerciais se deseja que possuam ambição e filia ao retorno financeiro, de modo a serem responsivos a tal estímulo. Em se constatando isso, a ferramenta de remuneração se torna uma grande aliada da relação contemplativa ganha-ganha entre a organização e o profissional vendedor. Ademais, as condições de motivação estáticas concedidas em plenitude, e um pujante movimento perante a motivação cinética, devem permitir ao agente comercial vislumbrar elevadas remunerações baseadas em uma remuneração fixa moderada, e uma variável grandiosa, baseada em desempenho, desafio e meritocracia, sendo essa equação excelente a ambos os lados. A variável baseada em desempenho deve considerar gratificações diferenciadas em produtos e ofertas relacionadas aos objetivos estratégicos mais relevantes definidos pela instituição, como a penetração ou manutenção de mercado de produtos com elevado nível de posicionamento pertencente a segmentos com alto ou crescente potencial de negócios, bem como as ofertas que conferem maiores margens de vendas e as que necessitam de uma abordagem mais ativa. Agrupar as ofertas de maior importância estratégica e conceder maior estímulo financeiro à equipe de vendas perante essas constitui uma ferramenta poderosa para catalisar os objetivos, tendo em vista que age sob um ponto primário que converge a qualidade da ação humana, o foco.

Sou um grande catequizador da concepção de duas versões do orçamento de vendas em uma empresa, desdobradas para cada unidade de negócio e região de vendas: uma satisfatória e outra sublime. A satisfatória consiste no sistema de metas ordinariamente implementado. Sabemos que a definição de metas envolve um compromisso orçamentário que, por sua vez, justamente conota uma dose de segurança perante o desafio, uma vez que grande parte das vezes se baseia em um histórico, bem como produtos novos são inseridos com uma dose de moderação devido a algum nível de insegurança referente ao seu posicionamento e responsividade do mercado perante eles, assim como o grande esforço demandado para se deslocar as ofertas correntes aderidas. O cumprimento das metas satisfatórias é louvável e demanda méritos que devem ser revertidos em celebração e gratificações aos agentes comerciais.

O orçamento de receitas sublime se baseia em fazer a equipe perceber que o esperado é realizar além do esperado. Para tal, uma versão esticada da meta que desafia a capacidade de superação do agente, inclusive baseada em uma motivação relevante de incremento de gratificação financeira, possui enorme apelo motivacional perante as figuras talentosas que sonham grande. A concepção de tal versão considera desafios específicos para cada unidade de negócios ou regional, em que tal especificidade se direciona a promover a aceleração de penetração de mercado de produtos específicos de segmentos crescentes ou de alto potencial local; ou de manutenção de mercado de produtos estrelas que estão sob ameaça de declínio, ou seja, um direcionamento de foco e esforços baseado em objetivos estratégicos definidos pela gestão. Em adição ao impacto direto de se potencializar a *performance* correlacionada ao nível de competência do profissional, ao se incentivar a manifestação de constante superação, existe o movimento indireto de empuxo de toda equipe via metamodelagem pela abertura de uma lacuna de *performance* que retira intrinsecamente os demais indivíduos satisfatórios da zona de conforto, progressivamente elevando o padrão de *performance* coletiva. Sob o mesmo princípio de empuxo motivacional e direcionamento de foco do orçamento sublime, somos capazes de implementar no sistema de distribuição uma intenção de compras sublime, incitada também por uma atraente versão dilatada do sistema de gratificação e premiação.

Em uma gestão de excelência de uma equipe de vendas, os líderes assumem conduta descentralizadora, empoderando uma atitude de autoridade proveniente de seus agentes, principalmente por meio da criação do estado de autonomia responsável. Agentes comerciais devem atuar como verdadeiros líderes originais perante seus clientes sob todos os elos, e serem reconhecidos como tal para atingir plena efetividade. Um comerciante sob autonomia responsável se encontra sob motivação dinâmica aguçada perante uma liberdade que se intenciona reverter em alto senso de pertencimento. Nesse sentido, o agente atua com excelência quão mais o seu poder de decisão perante os negócios e condução destes perante os clientes; deve conhecer e dominar a margem dos produtos, logo a lucratividade em vendas e o MACNA de suas ofertas, para que, perante negociações, possua integralmente as competências ferramentais para o sucesso sistemático. Agressividade comercial é fruto de uma gestão de vendas sob meritocracia, baseada em estímulos motivacionais dinâmicos, inclusas a concepção de metas sublimes e respectivas gratificações, e uma capacitação plena e sistêmica da equipe. Dessa maneira, o agente é demandado primordialmente pelo seu resultado, que deve ser auferido e remunerado por uma compilação entre o faturamento e a lucratividade de vendas, ou seja, não somente eficiência, mas também eficácia.

Em um setor comercial de uma organização, *marketing* e vendas devem atuar em plena interdependência. Como sabemos, para se atingir tal *status*, é pré-requisito que ambas as partes atinjam o estado de independência.

ESPÍRITO ORGANIZACIONAL

Manter-se apenas na dimensão independente de maneira voluntária pode representar apenas uma busca egoica por méritos e estatura política, com efeitos negativos na ordem competitiva. Em ambos os casos, se a posição estacionária no estado de independência é voluntária ou involuntária, deve-se rever a qualidade e desempenho das lideranças. O *marketing* atua com foco na estratégia, no futuro, sem esquecer do tático, presente; vendas atua com foco no tático, presente, sem esquecer da pavimentação do futuro. Estratégia representa a concepção de "o que fazer"; tática é o "como fazer", ou seja, a maneira, os passos para se executar a estratégia. Em organizações onde algum dos dois setores não atingiram o estado de independência em seus atributos, acaba ocorrendo uma desarmonia dos respectivos focos com vias a se obter os resultados. Se o *marketing* estratégico não corresponde plenamente aos seus atributos, o setor de vendas atua de maneira dispersa, sem compreensão da visão de futuro; do contrário, se a área de vendas não cumpre seus atributos de maneira plena, a de *marketing* acaba por ser muito demandada para as execuções táticas, sugando energia de dedicação e foco nas atividades de planejamento e criação.

Uma das coisas que mais geram satisfação nas pessoas é a atenção e diligência recebida, pois remete à sensação de amparo, que age no âmago humano; atinge as adjacências psicológicas das pessoas, principalmente perante o motivador de segurança, diante da acuidade de se ter alguém comprometido e tomando conta do seu negócio junto com você. Indústrias e segmentos que demandam uma abordagem consultiva perante os clientes possuem essa capacidade de presença e diligência agregadora como um dos principais atributos competitivos e de agressividade comercial. Veja, um sujeito trabalha com investimentos por meio de dois bancos; em um banco, realizou aportes que seguem ali, da maneira que foram concebidos originalmente. No outro, um assessor, com quem possui contato direto e concede respostas e soluções ágeis, faz contato em média a cada quinze dias para reportar e discutir o rendimento dos fundos e situação do mercado, bem como passar e discutir as melhores alternativas e novas oportunidades para movimentar a carteira de acordo com os objetivos já conhecidos. A tendência claramente é de que, por meio da segunda instituição, se construam melhores resultados; porém, mesmo com resultados parciais similares, a tendência é de que nos períodos subsequentes, ao haver sobras de recursos, estes sejam mais direcionados ao segundo banco, pelos seus valores adjacentes de relacionamento e amparo.

Um dos pontos fundamentais da gestão organizacional é o equilíbrio do dimensionamento da força comercial e a retaguarda. Se a retaguarda é subestimada, corre-se o risco de se gerar muita venda e demanda e não conseguirmos corresponder com um serviço satisfatório de suprimentos e suporte no atendimento aos clientes; se a retaguarda é superestimada, um alto desempenho de vendas é requerido para sustentar o metabolismo de um elefante branco que possui baixa conversão de energia em geração de valor, minimizando os recursos disponíveis para deliberação de investimentos que retroalimentam a vantagem competitiva.

Perante os clientes corujas e de alto potencial de negócios, idealmente devemos proceder uma análise de valor a nível individual, bem como conceder um nível preciso de diligência. Com base na análise de valor, desenvolver uma estratégia de abordagem relacional-transacional específica com agregação de serviços e concessões, tendo em vista que esse perfil de clientes, denominados contas chaves, retornam um alto valor por si só e, além do mais, são elementos-chaves para magnetizar os clientes do grupo dos seguidores e retardatários, isto é, atuam como poderosos alicerces para o processo de massificação. Para conceder atendimento às contas chaves, empresas muitas vezes lançam mão de um profissional específico que dispõe de competências técnico-relacionais superiores, tendo em vista que esse grupo de clientes é do mesmo modo assediado por meio dos melhores esforços dos concorrentes. Contas chaves têm ciência do seu poder estratégico, logo, do seu poder de barganha, demandando maior capacitação dos agentes perante o processo de percepção de valor, pois as estacas são mais elevadas. Por isso, do mesmo modo, o profissional que atua na gestão de contas chaves deve dispor, além do nível e competência excelentes, de autonomia e poder de decisão. Em certo sentido, a política de contas chaves se consolida ao se delegar poder aos melhores agentes. Poder gosta de negociar e interagir com poder.

142 | ESPÍRITO ORGANIZACIONAL

De fato, clientes predominantemente não se relacionam com entidades, mas sim essa base de adesão se consolida por meio dos indivíduos, que pertencem a empresas. Profissionais com exímio talento relacional obram um imenso e supervalioso bem de qualquer negócio, os relacionamentos. O patrimônio relacional se faz raramente abordado, devido a sua difícil e subjetiva mensuração, que, no entanto, representa uma correlação absolutamente positiva direta com o sucesso dos negócios. Por evidente, para se construir um dos elementos fundamentais da vantagem competitiva, a área comercial deve conter em abundância profissionais com grandes competências relacionais. Nada obstante, se esses destaques ocorrerem de maneira pontual, a organização se dispõe em condição vulnerável, uma vez que todos os clientes magnetizados estão atrelados ao indivíduo, não à empresa; se o indivíduo se vai, os clientes evadem. Se a renovação desses indivíduos talentosos se consolidar sistemática, a empresa suprime a dependência dos vendedores estrelas, sustentando as relações com os clientes chaves, logo, os negócios, de maneira estável e contínua, vinculando, assim, o relacionamento com a marca devido à manutenção da integridade e da experiência positiva.

Existem atitudes que são supersimples, e altamente valiosas. Uma das maneiras de inundar o cliente de diligência é por meio do pós-vendas: "Gostaria de verificar se o senhor está satisfeito, se tudo está funcionando bem". Essa atitude é extremamente simples, barata e visceral! Caso o cliente tenha alguma dificuldade, ou até mesmo uma reclamação de desempenho, pode ter certeza de que você está diante de uma imensa oportunidade. Uma reclamação pode representar um meio de se perder um cliente e realizar o *antimarketing*, ou uma oportunidade de fidelizar esse; não contemos com o meio-termo. Perante uma reclamação, a comunicação defensiva é o veneno; a proativa-empática é o antídoto. Evidentemente, esse princípio é válido em se tratando de uma dificuldade legítima, não de uma intenção sórdida do consumidor. Devemos transcender aos méritos técnicos da legitimidade ou ausência de uma "razão", e perceber que estamos diante de um cliente de longo prazo, e que pode ser um transmissor de mensagens negativas ou positivas de maneira a catequizar uma quantidade significativa de outros indivíduos, reiterando que, em diversos segmentos, nenhuma voz promocional se faz tão pujante quanto a dos próprios consumidores. Um atendimento a um cliente insatisfeito que necessita de um suporte deve ser concedido sob ponderação técnica e comercial, e, quando realizado com diligência e qualidade, com foco nas soluções justas e orientações assertivas, além de fidelizar um cliente, ganhamos um agente catequizador de *marketing* positivo da nossa marca.

Uma vez definidos os escopos territoriais de atuação de uma organização, se faz crucial se definir os principais cernes de concentração do público-alvo dentro dessa, ou seja, os mercados potenciais. A capilaridade de vendas representa o poder de um negócio de estar disponível ao seu público demandante de maneira acessível e conveniente, para mais as ofertas estarem dispostas e conhecidas, e seus respectivos suportes ao dispor. Dependendo da natureza do negócio, as cadeias de acesso podem assumir estruturas mais longas ou curtas.

As cadeias longas se constituem de produtores ou extratores, distribuidores, varejo e consumidor final. Ademais, dentre qualquer um desses elos, pode se adicionar prestadores de serviços de transporte, e, além disso, os que irão agregar valor por meio do acabamento, transformação ou implementação dos artigos. *Exempli gratia,* podem ser viveiristas que transformam sementes em mudas; construtores que instalam acabamentos de mármore em fachadas de edificações; processadoras que cortam, higienizam e embalam vegetais até chegarem às prateleiras do mercado etc. Diante de cadeias longas e horizontais, há um movimento inflacionário natural e muitas vezes inevitável, vide que distribuem margens a todos esses possíveis vínculos. Quanto mais amplo e disperso o público consumidor potencial, mais se fazem necessárias as ramificações e alongamentos capilares, principalmente diante de produtos que não necessitam de apoio consultivo para sua utilização e que são de transporte descomplicado, sendo uma disposição típica de bens de consumo.

À medida que nos distanciamos das características de bens de consumo e direcionamos a produtos, ainda com fins de massificação, que demandam maior atenção consultiva ou logística, a dinâmica da gestão das cadeias de acesso se altera. Mesmo perante esse perfil de segmentos, podemos de fato necessitar de uma cadeia alongada objetivando capilaridade por meio de múltiplos pontos de vendas, porém devemos ter ciência de que quão mais a cadeia estrutural de acesso a mercado assume expansão radial e ramificada, o conhecimento e o foco necessitam se deslocar do seu núcleo às periferias, se dissociando e perdendo potência pelo caminho. Dessa maneira, para se sobrepor a esse efeito indesejado da cadeia longa, a estratégia e ação comerciais devem abranger todos esses elos da cadeia, de maneira a evitar esses movimentos de dissociação e perda de energia; pelo contrário, o estado da arte dessa gestão consiste em movimentar esses *stakeholders* a atuar de modo a entender a marca além do aspecto transacional, agregando valor com serviços por meio de um plano de ação tático estratégico conjunto sinérgico, gerando a colaboração horizontal. Cadeias longas de acesso a mercado muitas vezes distanciam o contato entre produtores e usuários. Entretanto, desenvolver empatia e transitar em todos os elos para se compreender as suas percepções, desejos e dores são uma grande fonte de *insights* para processos de melhorias e se gerar diferenciais competitivos.

Conforme os produtos possuem mais especificidades e demandam maiores atenções e custos logísticos, como produtos pesados ou altamente perecíveis, se faz necessário ou desejável o encurtamento da cadeia até o nível da conexão direta do produtor com o varejo ou consumidor final. No caso de alimentos altamente perecíveis como carnes e vegetais frescos, existe a inevitável presença dos elos intermediários de distribuição, uma vez que demandam massificação e capilaridade, mas, sobretudo, agilidade para todos os dias abastecerem as mesas de milhares de pessoas onde quer que estejam. Um sistema de entrepostos atacadistas como os CEASAS concentrou, por exemplo, no ano de 2020, em torno da metade dos tomates frescos comercializados no Brasil, de maneira que um produtor em Pará de Minas-MG realiza a colheita, passa suas caixas a um atravessador que classifica as frutas e as transporta até São Paulo-SP, para que um atacadista do CEAGESP comercialize a um mercado em Pindamonhangaba-SP que, por fim, vende o produto ao consumidor final. Tudo isso dentro de, no máximo, quinze dias, a vida média de prateleira de uma fruta.

Em mercados que se caracterizam por nichos, do ponto de vista espacial ou de escala limitada, se faz desejável e altamente valorosa a conexão do produtor com o consumidor final, tal como feiras livres de alimentos ou manufaturas artesanais. A cadeia curta direta do provedor com o consumidor final aparece como necessidade e desejo nos setores de serviços operacionais, que, na maior parte das vezes, atingem escala super massificada, como os setores de *internet*, telecomunicações, TV por assinatura e bancários. Serviços que operam customização ou co-criação, por evidente, do mesmo modo, demandam o acesso direto aos usuários finais, sejam contas pequenas ou grandes, como tipicamente abordado pelos setores de *software* e consultorias, que podem atuar de forma operacional, quando o usuário segue interdependendo do provedor para a operacionalização do serviço, que se atribui por período estendido; e não operacional, quando a entrega de um produto ou solução ocorre de maneira pontual, sem a necessidade da relação fornecedor-usuário para a operacionalização. Essas mesmas empresas desses setores podem desenvolver produtos para serem comercializados em série, assim descaracterizando a cocriação ou customização, e se conceituando como mercadoria, onde, para esses segmentos, podem se fazer desejáveis estruturas colaborativas de distribuição para atingir maior escalabilidade.

As cadeias de acesso a mercado convencionais que envolvem mais de um agente são denominadas horizontais. Uma organização produtora que necessita da horizontalização visando capilaridade e escalabilidade, porém deseja captar para si toda margem e valor agregado de seu produto, lança mão da estratégia de verticalização total ou mista, na qual ela mesma monta sua estrutura de acesso direto ao consumidor final via unidades próprias ou *franchising* tipicamente representado pelo varejo, assim eliminando intermediários que geram erosão de margem, e possibilitando melhor experiência e contato com o público usuário. Como exemplo de estratégia de verticalização total via *franchising* temos a empresa de alimentos Cacau Show; e a Companhia Hering, do setor de vestuários, que distribui seus produtos por meio de lojas próprias, franquias, varejo multimarcas e *e-commerce*,

146 | ESPÍRITO ORGANIZACIONAL

lançando mão da verticalização mista para maximizar sua penetração de mercado e pontos de contato com os consumidores.

Nesses casos aludidos, o movimento de busca pelo controle integral ou parcial da cadeia de acesso tem como ponto de origem o setor produtivo, a nascente, se movimentando em direção ao consumidor, a foz, sendo assim denominado verticalização a jusante. Em outros casos, o varejo se movimenta para controlar outras etapas do seu processo produtivo de fornecimento. Podemos citar uma rede de supermercados que passa a fabricar biscoitos com sua marca própria, ou uma rede de lojas de móveis que adquire uma indústria moveleira, ou parte dessa, para que forneça produtos exclusivos às suas unidades. Nesse caso, o movimento flui na contracorrente, da foz à nascente, por esse motivo, denomina-se verticalização a montante.

Evidentemente que os movimentos de verticalização a montante ou a jusante desafiam as organizações a expandir seu nível de *expertise* e atuar em outros elos nos quais não possuem originalmente especialização, portanto, a prosperidade do projeto passa pela incorporação de um novo perfil de competências.

Uma cadeia de acesso a mercado horizontal longa, como mencionado, se faz necessária para a obtenção de capilaridade em inúmeros setores. Contudo, permanece o desafio para que as organizações encurtem esses caminhos no âmbito horizontal ou da implementação ou expansão da verticalização, sem reduzir o nível de acesso de sua oferta ao público, bem como a qualidade do seu produto ou serviço. Os benefícios intrínsecos do processo consistem na redução de custos e aumento dos controles operacionais, logo, a possibilidade de vantagem competitiva por uma responsividade mais ágil e assertiva perante o mercado, oportunizando o aumento da qualidade dos produtos e serviços, bem como, por meio do arejamento das margens, possuir maior poder de oferta diante do cliente. Sob a ótica do consumidor, extrínseca, os benefícios se contemplam pela oportunidade de deflação, e de uma maior qualidade da experiência sensorial; inclusive, inferimos que quão mais próximo dispomos o público da fonte produtora, oportunizamos abordagens de padrões mais elevados nos âmbitos dos valores adjacentes aos produtos, transcendendo os sentidos ao pertencimento.

Definitivamente, a verticalização demanda deliberação de investimentos, e deve ser analisada sob a ótica do custo de oportunidade, pois representa uma das diversas possibilidades estratégicas para uma organização buscar crescimento e vantagem competitiva dentre tantas outras que existem com o mesmo propósito, nas quais as mais eficientes e eficazes irão depender dos cenários internos e externos, nos quais encontra o negócio, bem como o posicionamento de marca aspirado ou vigente.

Em uma área comercial, conforme explorado anteriormente, o domínio do posicionamento dos produtos constitui a base para a potencial excelência nos demais atributos competitivos adjacentes a esse, como a valoração e a comunicação. O foco no produto e suas adjacências representa o *trademark*, cuja primazia ainda não representa o estado da arte da gestão, pois atua mais limitada à finalidade transacional. Para mais, diante do cenário competitivo dos mercados, se faz de suma importância a implementação de estratégias de *marketing* de relacionamento, sendo essa imprescindível em diversos mercados nos quais o *benchmark* já vem estabelecendo essa estaca competitiva. O *marketing* de relacionamento foca na retenção dos clientes por meio do processo de parceria via interdependência, vislumbrando maneiras mais amplas de servir os clientes, podendo abranger os aspectos tecnológicos e/ou humanos. Baseia-se no entendimento das necessidades, desejos e estilos de vida dos clientes, pela plena empatia, para que os valores ofertados transcendam os produtos e atinjam os demais processos de gestão dos agentes, demandando da organização uma atuação multifuncional para conceber serviços agregados que vão além das paredes departamentais, diante de uma cultura onde todos estão direcionados aos clientes, atingindo o *status* onde o *marketing* é muito mais que um setor, mas sim uma cultura organizacional.

O estado da arte da gestão comercial deve equilibrar tanto *trademark* quanto o *marketing* de relacionamento em alto nível.

3.8. GERAÇÃO DE VALOR – QUANTO VALE UM COPO DE ÁGUA?

Certa vez, um grande executivo (E) dedicara sua vida a acumular posses. Adquiriu uma mansão em sua cidade natal, uma segunda na praia, uma terceira nas montanhas; um helicóptero particular, dois carros de luxo, e um iate para alegrar suas estadias no litoral. Diante do ensejo, saiu a pilotar seu helicóptero sob o deserto, onde, repentinamente, a aeronave tombou, e, sobrevivente, esse sujeito se encontra ao ermo, sem alimento, sem água. Contando as horas ante padecer, passaram-se um, dois dias, até que, no terceiro, eis que brota um beduíno (B) com uma garrafa de água, e lhe propõe:

B – Troco todos seus carros, mansões e iate por esta garrafa de água!

E – Você está louco, dediquei toda a minha vida para acumular isso e vem você me tomar tudo em um minuto, em troca de uma garrafa de água? Isso é descabido!

B – Pois bem, a escolha é sua; é apenas questão de pouco tempo para tomar ou sucumbir!

... Passaram-se vinte minutos, até o abonado abordar novamente o beduíno!

E – Eu aceito sua proposta!

B – Ótimo, aqui está sua água. Veja você, dedicou toda a sua vida por algo que neste instante troca por uma garrafa de água!

Em condições normais, os valores definidos e hierarquizados de um indivíduo são estruturais, porém podem ser mutáveis diante de eventos,

150 | ESPÍRITO ORGANIZACIONAL

ocasiões ou fases ao longo da vida, tanto do ponto de vista de se incorporar alguns ou abdicar de outros, quanto à mudança dinâmica dos mesmos valores em termos de posição hierárquica diante das ocasiões da existência. Rever valores pode ser um evento intrínseco espontâneo ou extrínseco estimulado por experiências que demandam acessar pontos mais profundos da consciência. Um dos vínculos mais relevantes para expandir a percepção de valor em algo é a sua ocorrência ou possibilidade de escassez. Em relação à percepção de valor, a sua potencial relativização é outro ponto fundamental a ser explorado enquanto estratégia de negociação.

Certa vez, um grupo de oito pessoas necessitava urgentemente realizar um deslocamento até uma cidade que se encontrava a trezentos quilômetros de distância. Encontrava-se ao ermo, sob calor escaldante, sem nenhum transporte disponível. Após uma angustiante espera de mais de oito horas aguardando alguém que pudesse oferecer uma carona, por obra do destino, eis que surge um homem em um caminhão velho, lento, gentilmente oferecendo o transporte aos oito aflitos, em seu reboque apertado, aberto ao tempo, com estreitos bancos de madeira. Vamos!

Após quarenta minutos, da cabine, o gentil homem começou a escutar os murmurinhos: "Que viagem horrível... que pesadelo... que calor... que banco duro...". As reclamações seguiram, até que o homem parou a carreta na metade do caminho, adentrou um casebre, e retornou com cinco bodes: "Preciso levar esses bodes na caçamba com vocês", disse o homem, já colocando os animais para dentro. Após vinte minutos seguindo viagem, o homem seguiu ouvindo os murmurinhos insatisfeitos dos passageiros: "Que cheiro horrível... o bode está defecando do meu lado... está muito apertado aqui...". Sob essa condição, inconformados, viajaram mais meia hora até que o motorista novamente parou em um pequeno sítio e apeou os cinco bodes da carreta, para alegria dos viajantes, que a partir de então seguiram viagem dizendo: "Ufa, que alívio, agora vamos viajar muito bem sem esses bodes; que sorte encontrar esse bondoso homem".

Perceba que a analogia dos "bodes na carreta" conota a possibilidade de se gerar percepção de valor amplificada no outro ao se forjar um cenário de dificuldade, para se posteriormente retirar a dificuldade, gerando sensação de satisfação. Um exemplo clássico dessa analogia se conota quando se toma por estratégia iniciar a oferta com preços ou alguma condição comercial tensionada, para ao final fechar o negócio dentro de uma condição ótima, com a outra parte se percebendo realizada por algo ter lhe sido concedido.

Outro conceito referente à relativização dos valores, muito explorado na indústria dos desejos, é o da "economia do dane-se". Com um toque existencialista, consiste na disposição do ser a se conduzir ao seguinte pensar: "Trabalho nove horas por dia, me estresso, sou bem remunerado, para chegar aqui em um momento de relaxamento e compensar tudo, me permitir ser feliz, sentir prazer. Dane-se!". Assim pensou e agiu um homem diante de um prato de lagosta no restaurante, um vinho francês, uma massagem Ayurveda, um carro sofisticado, uma viagem, um hotel luxuoso...

Por fim, relativização da percepção de valor ocorre ao se dimensionar as expectativas relacionadas à realidade. Diante da fórmula felicidade = realidade - expectativa, podemos aferir que quão maior a expectativa do indivíduo, menor sua margem para perceber valor e obter satisfação. Se faz, sim, muito positivo que o público possua elevada expectativa com sua oferta, porém, desde que essa não esteja superestimada, pois assim cai-se na armadilha de se forjar uma sensação de frustração desnecessária. Isso ocorre quando, precipitadamente, se promete mais do que se pode entregar. Do contrário, quando se possui ótima capacidade de entrega e desempenho, ao se alocar a promessa, logo expectativas, em um ponto abaixo do nível possível de entrega, o receptor surpreende-se positivamente, gerando-se assim um sentimento de integridade, felicidade e satisfação. Se uma empresa de *e-commerce* promete entrega em cinco dias, e deveras o realiza em três, despertará felicidade; se anunciasse essa entrega nos mesmos três dias, reduz-se desnecessariamente sua margem de erros e imprevistos e, assim o fazendo, gera a percepção de estar realizando não mais do que a obrigação ordinária.

Uma organização em posição de vantagem competitiva relevante, enquanto dispõe de uma ou diversas ofertas revolucionárias ou inovadoras, se encontra em estatura de paraíso competitivo; nesta, o cliente, decidido e satisfeito, somente encontra tamanha qualidade e desempenho naquela oferta específica. Nessa situação, o paraíso competitivo se condiciona pela convergência entre uma alta ou hegemônica participação de mercado, com a máxima possibilidade de captação de valor no produto. Esse *status* pode ser passageiro, caso a organização esteja sob vantagem competitiva estática, ou perene, sustentável, caso se encontre em vantagem competitiva dinâmica, construindo uma renovação capaz de manter o nível inovativo ou evolutivo acima da linha do *benchmark*. Quando não, em algum momento a concorrência dispõe de uma oferta similar ou superior, ante uma estratégia de penetração de mercado por precificação predatória, forçando a organização a se movimentar de mesmo modo como estratégia de defesa, reduzindo a captação de valor. Se o *benchmark* se movimenta, devemos nos movimentar, sob risco de sermos severamente atingidos. O paradigma agora mudou. Eis uma das importâncias sociais da elevada concorrência para catalisar cada vez mais qualidade e preços justos ao consumidor. Quando esse processo é inibido por *lobbies* ou barreiras, há um cenário de oligopólio forçado que tende a lesar o público.

Quando surge uma nova tecnologia inovadora no mercado, cujas ofertas são oportunizadas por diversas empresas, é comum que a precificação determinada pelo mercado se inicie em um patamar elevado, e gradativamente se vá reduzindo à medida que se necessita massificar e popularizar para se manter os níveis de lucratividade em vendas; inicialmente se atinge um público seleto para maximizar a captação de valor, e se vai expandindo o acesso à medida que os negócios para esse público privilegiado vai se saturando, movimento esse que se assume mais acelerado à medida que a tecnologia vai obsoletando e sendo substituída. A esse ciclo denomina-se estratégia de precificação "*skimming*". Um dos grandes feitos do *case* da Apple com seus iPhones foi de manter o ciclo permanentemente renovado, de maneira a manter constante a máxima captação de valor convergindo com a popularização, pela capacidade que a organização teve de se tornar objeto de desejo e seduzir o público global, abrangendo relativamente amplas camadas sociais.

No caso de produtos *commodities* ou negócios posicionados por baixo preço, as ofertas se caracterizam pela similaridade entre *players*, bem como a cópia e replicação descomplicada, simples. Nesse caso, o foco primário se encontra na excelência em custos para se obter uma lucratividade contentável, sendo a precificação baseada em obtenção de margem satisfatória, pois qualquer tentativa de agregar valor seria fracassada devido ao consumidor encontrar oferta similar mais acessível na concorrência. Existem empresas que estão posicionadas e ajustadas aos mercados de *commodities* ou preços baixos. Outras possuem posicionamentos de diferenciação, porém, possuem produtos com essas características em seu portfólio, de maneira que as margens brutas são abaixo do suficiente para eventualmente sustentar a estrutura da organização, porém assumem importância enquanto estratégia de portfólio completo para fidelizar clientes, e enquanto margem de contribuição para saldar custos operacionais.

O processo de precificação, na maioria dos casos, se concebe baseado no mercado ou se objetivando penetração de mercado. A determinação baseada no mercado visa maximização de ganhos ou sobrevivência; a base consiste na análise de valor do produto diante das ofertas disponíveis. Em se determinando o posicionamento do produto na dimensão do seu posicionamento competitivo comparativo, e o valor agregado enquanto benefícios relativos, alocamos acima ou abaixo das referências de mercado, dos *targets*. Assim dizendo, busca-se aferir quanto o consumidor estaria disposto a pagar convergindo um ponto ótimo de captação de valor e acessibilidade visando otimizar volume de vendas, logo, lucratividade em vendas, cabível em produtos que são conhecidos, maduros ou consagrados. Sobre precificação baseada no mercado, certa vez, um executivo da Fiat, ao ser questionado se os elevados preços dos automóveis no Brasil estariam associados à elevada carga tributária, declarou: "São exorbitantes não somente devido aos impostos, mas porque as pessoas se dispõem a pagar". A assertiva é marcante, e conota a realidade de que o valor de um produto é simplesmente a faixa na qual possui liquidez de vendas. Determinadas valorações possuem maiores ou menores volatilidades ou resistências frente ao ambiente econômico, como as ações de empresas no mercado de capitais. O valor real se refere à faixa na qual o bem possui liquidez. Se o proprietário de um imóvel, em determinada ocasião, crê de maneira subjetiva que esse vale quinhentos mil reais, porém não consegue comprador por anos, significa que esse é apenas o valor almejado; do ponto de vista do mercado, esse não é o valor. Valor consiste na faixa de preço em que o bem possui demanda fluida sem estar subestimado.

Ofertas em fase de introdução, crescimento e/ou cujo posicionamento se encontra aquém do potencial, tipicamente lançam mão de condições comerciais visando penetração de mercado, um movimento de predação dos concorrentes por meio da atração dos consumidores a um movimento de experimentação e substituição. Nesse caso, alocamos o preço abaixo do valor da oferta para que o público-alvo seja magnetizado pela percepção de atratividade e benefício, para que, após a experiência positiva do usuário, se oportunize a precificação em linha com o valor agregado do produto.

A condição de penetração de mercado possui algumas faces que devem ser analisadas. Esse movimento predatório visando posterior captação compatível de valor é um caminho legítimo. Em organizações que gozam de excelência em custos, o movimento de redução do nível de precificação visando predação pode se conceder em caráter permanente, de maneira a asfixiar a concorrência, gerando deflação no mercado pela vantagem competitiva em gestão de custos, sendo também uma estratégia competitiva sustentável. Preço baixo visando penetração de mercado, não obstante, pode ser assumido de maneira distorcida por algumas empresas que, por não possuírem outros atributos competitivos, acabam baixando os preços e reduzindo os valores potenciais de mercado de maneira a ser um desserviço para a indústria, que se vê asfixiada por concorrências predatórias sem fundamento, gerando um movimento de deflação insustentável, subcaptando o valor potencial disponível pelos consumidores e reduzindo a capacidade de retroalimentação de investimentos, logo, da evolução do setor.

Enquanto campanhas de vendas, essas, via de regra, se destinam à penetração ou manutenção de mercados, ou sobrevivência, no caso de ameaças devido a pressões por parte da concorrência. O mecanismo deve otimizar o volume de vendas em detrimento a um sacrifício de margens, de forma que, idealmente, ao final, a lucratividade em vendas se encontre em uma faixa superior ou, pelo menos, similar à condição de não campanha. Uma vez mantido ou obtido maior volume de vendas, suprime-se a alocação da concorrência no mesmo espaço, no caso de estratégias de sobrevivência ou defesa de mercado. No caso de penetração de mercado, se provoca aceleração da experimentação da oferta, visando posterior substituição da concorrência, acelerando e maximizando o processo de crescimento e captação de valor. Ademais, as concessões vinculadas às condições comerciais, essas envolvem sua respectiva força de comunicação, e podem contemplar premiações cedidas à equipe de vendas, aos agentes da cadeia de acesso a mercado, sempre correlacionadas ao mérito de desempenho em volume, sendo um agente motivacional poderoso para direcionar o foco dos negociadores em consonância com as estratégias organizacionais do fornecedor.

Uma questão muito relevante recorrente nas empresas é: se baixarmos o preço, venderemos mais, de forma a aumentar a lucratividade em vendas? A resposta se encontra na constatação do nível de elasticidade de demanda dos mercados em questão. Níveis de demanda elásticos representam alta responsividade aos movimentos de preço, de forma que, ao se possibilitar concessões na condição comercial, embora exista uma redução de margem, existe a possibilidade de aumento da lucratividade em vendas por meio da maior massificação do consumo. Esse comportamento geralmente ocorre mais diante de mercados nos quais o consumidor dispõe de ofertas para substituição direta ou indireta sem perda relevante de *performance*. Do contrário, mercados com baixa responsividade a preços, inelásticos, ocorrem diante de clientes com alto nível de satisfação e adaptação aos produtos, de maneira a não encontrarem ofertas substituidoras no entorno, em que, diante da concessão de redução de importe, a organização está sob risco de estar simplesmente abdicando de captação de valor sem benefícios em contrapartida.

A eficácia da vantagem competitiva em empresas que buscam crescimento tem a participação de mercado como seu indicador mais acurado. Dentro de um segmento, frente aos possíveis posicionamentos de produtos, devemos distinguir as estratégias *premium* (*top*) e combate (*pop*). Portfólio forte que conduz ao aumento de participação de mercado possui ofertas que contemplem as duas frentes, sobretudo convergindo a acessibilidade dos produtos combate com a elevada captação de valor das ofertas *premium*, contemplando uma camada ampla ou integral do público.

ESPÍRITO ORGANIZACIONAL

Ainda acima dos produtos *premium*, encontra-se o mercado de luxo. Este possui características distintas e peculiares, pois se fixa exclusivamente na estratégia de valor, se concentrando em um público altamente singular, concentrado no topo extremo da pirâmide social, caracterizado pela extrema exigência em qualidade e valor cultural baseado em *status*.

Um movimento muito interessante nos mercados são o esbarro competitivo entre a disposição de escalabilidade, capilaridade e barganha industrial com a qualidade artesanal. A qualidade artesanal adentra o ambiente competitivo diante da oportunidade de saciar maior qualidade combinada com uma experiência alternativa e mais exclusiva ao público, gerando elevada captação de valor. Essa oportunidade vem se expandindo diante da concepção de diversos nichos, que somados geram um montante significativo do mercado, pressionando as grandes indústrias a elevar sua lacuna de qualidade e competitividade, sendo esse um movimento altamente benéfico ao consumidor. Vide exemplo, o mercado de cervejas global, cujas empresas artesanais representam uma grande ameaça às grandes corporações.

Costurando o tema com o ponto de partida apresentado no espaço "vendas – os clientes que me convidam para jantar", volto a relevar a atuação do agente comercial enquanto arte de gerar valor às pessoas. Valor esse, agora, mencionado sob a ótica do patrimônio relacional dos indivíduos e das organizações.

Qual o valor agregado na capacidade de atendimento?

"Você me cobrou oitenta reais para consertar meu ar-condicionado em dois minutos", disse o cliente. "Cobrei oitenta reais do senhor pelos anos que estudei e pratiquei para estar apto a resolver seu problema em dois minutos", sorridente, disse o agente.

Habilidade e *expertise* enquanto gênese da capacidade dos indivíduos de resolver problemas e gerar resultados aos clientes representa um valor agregado inestimável para se transitar por sobre as guerras de preços e produtos. Esse é o estado da arte da organização com verdadeira força de vendas.

3.9. GLOBALIZAÇÃO – O TRIUNFO DA CONSUMOLATRIA

A globalização representa o triunfo do capitalismo diante da cultura global. O inevitável e voraz fenômeno reconstrói uma nova conjuntura externa, demandando uma grande atenção por parte das organizações diante de um aspecto capital de adaptação, devido aos seus efeitos significativos de transformação no cenário competitivo. O projeto de afirmação de uma nova ordem de poder se instaura por meio do capital econômico, que se entremeia de maneira homogênea como o maior valor cultural vigente, pouco a pouco dissolvendo a identidade e as tradições locais, que se rendem à adesão de uma cultura global baseada na inserção no mercado de consumo regido por grandes corporações que ditam o que somos e o que almejamos. A pavimentação de tal evento ocorre no âmbito político, que fornece as bases macroambientais favoráveis ao desenvolvimento da vantagem competitiva mercantil; todavia, não tomaria tamanha força se não efetivado por meio do poder mercantil das instituições, compostas por indivíduos com capacidade de gerar e promover atratividade.

Tal cenário pode ser contemplado como oportunidade ou ameaça, demandando muita inteligência e estratégia para discernir uma linha tênue que os separa, e de fato significar o processo pelo seu lado positivo. O que está em jogo é a capacidade de ser competitivo e gerar valor, isto é, ofertar algo que seja necessário ou desejável para o outro, no caso, as nações. A partir dessa premissa, geração de valor passa necessariamente pela excelência na capacidade criativa ou produtiva de bens com alto valor agregado, de maneira a captar o interesse dos mercados compradores; e essa mesma dinâmica torna o território mais independente de valores

158 | ESPÍRITO ORGANIZACIONAL

externos, se gerando o *superávit* comercial, que impulsiona continuamente o desenvolvimento econômico e social, gerando ainda mais capacidade competitiva. Ainda mais forte se torna a prosperidade quando a geração de valor é precedida por uma distribuição justa dos recursos produtivos, e sucedida pela distribuição justa dos valores.

Parece uma construção utópica, todavia, perceba que nações prósperas construíram esse caminho de bonança por meio de boa vontade e competências políticas diante do foco no desenvolvimento da inteligência e autenticidade dos indivíduos pelo processo de educação e fomento científico-tecnológico estendido às instituições de mercado, que de fato consolidam o poder mercantil de uma nação. Paradoxalmente, os próprios donos do poder global intimidam o processo, pois a eles lhes convém a manutenção do *status quo*, onde a massa é apenas seguidora, percebendo o movimento como benéfico tão somente pelo acesso e usufruto das tecnologias providas por outrem. De fato, o benefício amplo se concede a quem atua sob autenticidade, do contrário, meramente se contenta em absorver a geração de uma necessidade, dependência. Nações e dinastias que dominam o poder mercantil engolem as outras, em uma relação ganha-perde silenciosa e oculta, alocando os seguidores em uma gaiola dourada, em nome do neocolonialismo travestido de progressismo e desenvolvimento.

Mas, afinal, o que inibe os seguidores de serem autênticos? Em uma organização à sombra da dependência econômica, automaticamente se enfraquece seus valores culturais. Ademais a esse efeito cascata, a degradação das culturas originais se constitui dissociando os indivíduos, logo, a identificação com os valores e a moral coletiva, de maneira que esse processo de diluição é antagônico à coesão e unidade pública, logo cultural, restando aos elementos encarnarem o capital e o consumo como valor supremo. Essa é a vitória da globalização capitalista regida pelas grandes corporações. Outro mecanismo alicerce para consolidar esse projeto de dissociação é a promoção e implementação distorcida do diversionismo, conceitualmente um belo movimento que, em vez de unir os seres em prol do respeito à universalidade, é significado como forma de reforçar a polarização e o afastamento das pessoas e dos grupos. Sociedade dissociada é o prato cheio para a identificação individual se entregar ao proveito do poder corporativo globalista: compre, compre, compre.

O ímpeto competitivo voraz das grandes corporações exóticas globais demanda um imprescindível movimento de readaptação competitiva das empresas, que se baseia em um movimento transcendente de identificação do público com os valores locais, bem como lançar mão do próprio movimento enquanto oportunidade de crescimento e expansão via internacionalização ou globalização, que qual demanda um novo tipo de gestão.

Em organizações globais, o processo acelerado da globalização oferece uma grande oportunidade em se intensificar a interação sinérgica entre as unidades, sendo esse um fator determinante no posicionamento competitivo, para mais ante o movimento de sobreposição de necessidades e desejos, uma vez que o próprio processo traz como efeito essa tendência de maior homogeneização cultural entre povos que historicamente dispunham de culturas e tradições distintas. Os modelos de gestão global logram se dispor de maneira centralizada, decentralizada ou híbrida. Formas centralizadas concentram o processo de tomadas de decisão e poderio financeiro em uma matriz, que conduzem uma integração e coesão mais completa entre as unidades. Em modelos decentralizados, se concede autonomia às unidades no que tange às tomadas de decisão e o controle sobre os recursos financeiros, assim propiciando maior agilidade às ações de responsividade em relação ao ambiente de mercado local, entretanto, as unidades em condição independente podem atuar de maneira excessivamente autocentrada e negligenciar a colaboração interdependente com seus pares, pois uma vez que são autônomas financeiramente, o processo de sinergia e interdependência cabe meramente à arbitrariedade das mesmas. Soluções híbridas visam a faculdade de combinar as vantagens dos dois modelos, combinando a ação responsiva desenvolta às demandas específicas locais com a integração completa sinérgica com os pares, representando um arranjo mais completo frente ao cenário competitivo.

A globalização, por evidente, ainda segue os princípios mercantilistas de sua origem. Observa-se uma relação direta positiva entre o crescimento econômico e a consolidação das culturas dos povos, ou melhor, se a economia

160 | ESPÍRITO ORGANIZACIONAL

vai mal, a cultura cai junto; se vai bem, ela se tonifica. Diversas sociedades historicamente com culturas e tradições imponentes, ao se deparar com a dinâmica agressiva do fenômeno, adotaram uma conduta de resistência tradicional-conservadora, esquivando-se da roda de fogo globalista, todavia, ao se assumir o desenquadramento, também se arca com o grande risco do definhamento econômico, logo cultural, uma vez que grande parte desses agentes se viam de maneira pseudoindependente. Desse modo, se veem diante da desintegração cultural, empobrecidos, todavia com suas populações ávidas diante da consumolatria globalista. Para se fazer frente ao movimento, uma organização deve se encontrar em estado de independência, pois, lembremo-nos, essa precede a interdependência e a autenticidade, para a qual se converge o propósito legítimo da integração.

Face aos potenciais efeitos perversos exploratórios da globalização, a autenticidade é a contrapartida chave. Estamos diante de um mundo no qual, goste ou não, o capitalismo assumiu uma vitória triunfante, e esse não é mais o objeto de resistência. Autenticidade representa receber o exótico ante uma relação de agregação, não de dependência ou dominação; ante essa condição, uma organização se encontra soberana apta a ofertar valor ao universo por meio de uma autonomia individual espelhada nas instituições.

Em vista disso, podemos constatar diversos países sul-asiáticos que até a metade do século XX se encontravam em extrema pobreza, e hoje são nações prósperas e ricas, repletas de oportunidades a sua população. Em contrapartida, uma américa bolivariana resistente, que, por mais que existam legitimidades em suas ideologias, se defronta com a estagnação e degradação social, onde, paradoxalmente, essa mesma tenacidade que clama pela conservação das identidades justamente corresponde à mesma força que suprime o crescimento econômico, assim gerando um terreno fértil para a dependência e dominação frente ao poder mercantil global, o popular "tiro no pé". Nessa, demanda-se uma reciclagem conceitual profunda, uma vez que a prosperidade cultural e justiça social florescerão diante da geração de recursos, por meio da inteligência mercantil pavimentada pela educação e ciência, a verdadeira liberdade.

MATURIDADE:
DAS APARÊNCIAS À ESSÊNCIA

o ponto de vista sistêmico, logo, humano e organizacional, o estágio de maturidade está longe de representar um alcance permanente; é uma fase transitória entre o caminho da sustentabilidade ou da crise, uma encruzilhada entre vícios e virtudes. Quando a maturidade se mantém constante e se pereniza, a isso chamamos sustentabilidade; quando essa condiciona a ilusão da permanência ou se reverte em uma armadilha do ego, se torna precedente da crise. A condição de dinamismo do sistema maduro gera a perenidade; a estática, de manutenção do *status quo* e bloqueio do processo de aprendizado constante, a insustentabilidade. É uma nave que não flutua em órbita, mas sim necessita de energia à atenção para se manter em viagem.

Na constante busca pela virtude, fundamental é se aprumar em uma direção assertiva para não se perder no círculo vicioso. Vivemos imersos em um culto à dicotomia e às posições, aprisionando uma massa de indivíduos na cegueira dos polos que, na maioria das vezes, em última análise, representa não mais do que uma busca irracional baseada em doutrinas e um tipo de pertencimento que objetiva o amparo emocional. Em qualquer dimensão, a diferença entre o tóxico e o saudável não se encontra na substância, mas sim na dose; todo e qualquer distúrbio provém do excesso ou da carência de algo, desde um alimento a um sentimento. Definitivamente, a virtude se encontra no equilíbrio. Nele se encontra a lucidez e a liberdade, a capacidade de se observar a realidade em perspectiva, sem estar se afogando e se reduzindo pouco a pouco nas águas da polarização que nos separa e retroalimenta nossa sensação de ameaça e angústia, fonte do sofrimento original. Veja você, até mesmo quem somos sempre esteve ante a um

164 | ESPÍRITO ORGANIZACIONAL

paradoxo de posições intransigentes: de um lado o natural, e de outro, o sobrenatural. Ora, porque não se conceber a ideia de que espírito e matéria coexistem, e inclusive um possui o poder de dinamizar o outro, assumindo assim uma relação interativa?

Maturidade organizacional promove indivíduos a uma zona de magia de potência, ou de risco, à conta da perigosa zona de conforto e soberba. O sucesso, para ser permanente, em um universo dinâmico e em movimento, demanda uma vitalidade de insatisfação positiva, de continuar querendo fazer mais e melhor, permanecendo o movimento ascendente de criatividade, desenvolvimento e reintrodução, e transitar do crescimento, quantitativo, ao desenvolvimento, quantitativo e qualitativo. Promove-se a permanência da dinâmica em vez de contar com a ilusória permanência estática do universo. Se essa for a crença, os indivíduos entram em saturação, manifestando vícios, enquanto a onda viva do mercado engole, e os leva para fora do mar. Amadurecimento sem manter vantagem competitiva dinâmica não é ser, é estar. Ser é o que é sustentável, o que não se deteriora apegado às verdades de ontem.

Ao longo da trajetória, a forma com que significamos as vitórias e os fracassos são meras escolhas. Devemos conceber os erros em perspectiva, de forma a sermos gratos pelas oportunidades que esses ensejam, e encarnar os acertos de forma a elaborar o reforço positivo exponencial, um movimento de inércia que se abrange. Desse modo, em cada movimento, há um ganho, que se enlaça em um horizonte cada vez mais discernido. A maximização do nível de maturidade possui relação positiva direta com as provas que enfrentamos. É a autenticidade precedente da coragem para não temer a exposição, pois é por meio dessa que nos deparamos com a verdade, o maior presente para quem busca o desenvolvimento sustentável.

Diante da frustração, oportuniza-se o aprendizado e revisão dos valores ao passo que a proatividade sobrepõe a reatividade, e é esse justamente o percurso para a realização consistente. Não há caminhos ousados sem tropeços; a questão é o que fazemos com eles. Maturidade é não esperar a crise para rever seus valores, mas sim ter suficiente humildade, auto e heteroconhecimento para mudar pela inteligência, virtude essa que coíbe a soberba de se subestimar os sistemas que se encontram em fases antecedentes, muitas vezes com ímpeto de se mudar as regras do jogo. Esses são grandes professores, que devemos observar e modelar com o embrião aberto. Podem estar vorazmente e apaixonadamente construindo vantagem competitiva dinâmica.

O apego a velhas certezas requerer a última palavra é um belo passaporte ao declínio. Seguir aprendendo, reconhecendo que dificilmente alguém saberá tudo que necessita saber para fazer o que tem de fazer da melhor forma possível é algo doloroso a muitos que se encontram aparentemente amadurecidos, pois é um constante choque com a percepção de segurança e controle, bem como com a identificação egoica. O maduro justapõe essa identificação da forma como regente da cultura e se identifica com a essência, que não possui tempo nem espaço. Quem não transcende o ego, por dentro da carapuça, se aventura deparar-se com uma crise existencial: "Quem sou, o que estou fazendo?". Essa é uma excelente questão, porém, sem buscar a essência, não se encontram respostas, e perdidos, seguem identificados com a forma e a aparência, flertando com a insustentabilidade.

Existe uma grande confusão ao se denotar maturidade a uma personalidade séria, rígida, que não mostra os dentes, do homem enquadrado e infalível, em constante provação, que detém conhecimento e verdade, bloqueando seu processo de aprendizado e epifania, com a maturidade original, que consiste no estado de espontaneidade e interdependência, oriundas do autoconhecimento e da predisposição ao processo empático. O personagem maduro se enquadra a dogmas e rejeita o lúdico, a espontaneidade, em prol de uma falsa imagem que obscurece o vazio narcisista, o afasta da essência. O paradoxo é uma lei da vida e, ao mesmo tempo, uma das suas grandes belezas, que zomba em nos enganar, ao manter oculta a essência, que está ao alcance diante da transcendência que só possui uma origem: dentro de nós. Com ela, não nos aprisionamos em doutrinas; as observamos em perspectiva, pescando pontualmente o que nos agrega enquanto seres livres buscando uma conexão única e profunda com o universo. Autenticidade é a luz própria dos indivíduos e das organizações, do intrínseco ao extrínseco.

166 | ESPÍRITO ORGANIZACIONAL

A luz própria de uma organização e de seus indivíduos é transparente, a plena convergência entre o caráter, o que realmente somos, e a personalidade, o que aparentamos, sem lacunas entre esses, pois assim se gera a identificação, logo a íntegra capacidade do ser de realizar a ruptura positiva. Cautela com os modos de agir ou pensar doutrinários. Esses podem ser gaiolas douradas, projetos de dependência, muito convenientes aos que não querem responsabilidade, logo, liberdade. Organizações com homens livres serão livres. Se criamos ovelhas, seremos ovelhas no mercado; se criamos lobos, seremos temidos pela concorrência.

Maturidade consiste em conceber que o tempo do mundo não é o seu tempo. Maturidade interior é saber dar tempo aos processos de maturação exterior, tendo consciência que os forçar gera cisões e pode provocar crises, sem que nos gere tensionamento e desequilíbrio. É a paciência para tomar conclusões sem se precipitar; que, diante do tempo, muitas vezes somos nada. Ele é soberano, organiza tudo. Dessa maneira, a direção que aprumamos vale mais do que a velocidade, pois essa, muitas vezes, não nos pertence. É viver em paz com o que realmente não se pode mudar.

Em identificação com a essência universal, a maturidade alimenta seu conhecimento reconhecendo as fortalezas presentes nas liberdades e nas diferenças, por meio da qual se obtém a mais potente sinergia via hibridização de ideias, por mais distantes que sejam, assim sendo recebidas sem julgamentos. Não respeitar diferenças depõe contra nossa própria liberdade; no fundo, os imaturos não as querem, porque a covardia de se guiar pelo espelho social é mais cômoda, entretanto, sofre-se o preço de uma vida anestesiada pela banalidade e superficialidade; de uma organização em uma corrida sem fim na sua lacuna negativa diante do *benchmark*.

A maturidade constitui uma excelente posição para se sonhar e atingir cumes mais elevados, pois nela reside o acúmulo de experiências e aprendizados. Sonhar é a força motriz para a motivação dinâmica que origina feitos extraordinários. Contudo, maturidade nos permite a consciência para discernir que sonhos são modelos carregados com forte idealização, e que, ao contrário, a realidade quase sempre não é nada idealizada, e deve ser percebida com lucidez. Conceber e esperar uma realidade idealizada consiste em um grande atalho para se perder em fantasias e devaneios, mantendo oculto aquilo que não queremos enxergar, por negação ou fuga, embora os sinais estejam disponíveis a todo momento. Sonhar um ideal é saudável, pois levanta as estacas, e, mirando na Lua, acertamos as estrelas. Idealizar a realidade de maneira fantasiosa é uma excelente receita para o trauma e frustração, pois, o tempo, mais dia ou menos dia, se encarrega de implodir todo real, sem piedade, trazendo à tona a realidade em forma de avalanche, com alta energia. A partir desse ponto, existem dois caminhos: a mutação, que, por meio do aprendizado nos projeta a um estado mais elevado de consciência, ou a crise, enquanto nos mantemos ancorados na zona do trauma, nutrindo crenças limitantes.

À medida que a fase organizacional madura se domina por virtudes, cada vez mais essa se mantém em uma faixa de frequência emocional ótima, em ondas altas, delongadas, e de baixa amplitude. Desse modo, coisas e pessoas sabotadoras que sugam energia vital producente naturalmente se dissociam ou expelem, do contrário, aderem ao círculo virtuoso. Quando autênticos, somos puros. Quando puros, abundamos a coragem de ser alegres. Alegria é potência de agir, humanizar as relações; não tornar dos outros o que é seu, olhando para dentro antes de olhar para fora, e tratar com leveza as sombras e vulnerabilidades, assim tirando-as do ponto cego e as tornando conscientes, logo, menores. Isso gera plena competitividade e construção de marca. A verdadeira revolução provém de dentro, e naturalmente se expande para fora, para o ambiente de mercado.

Desafortunadamente, em contrapartida, essa fase pode se distorcer e convergir em um caminho de vícios, assumindo uma direção precedente da crise. Uma vez que a maturidade provém do crescimento, caminho no qual se brindam experiências e superação de obstáculos, essa pode gerar uma sensação de exaustão após se subir a lomba ascendente; ou de zona de conforto oriunda de um estado, agora, de soberba e arrogância. Essas são as zonas de perigo da maturidade, podendo representar a beira de um precipício. A zona de exaustão se denota quando se significa a maturidade como uma linha de chegada: "Superamos os desafios e vencemos, chegamos ao cume. Não há mais desafios agora. Ufa, podemos relaxar!". Perceba que

ESPÍRITO ORGANIZACIONAL

por aí se esvai a motivação dinâmica. Os indivíduos que estavam imprimindo alta energia agora buscam conforto, esquecendo-se de que, na batalha, quem fica parado uma hora será alvejado.

Nessa direção, um análogo vício contraproducente possível se revela quando o tão suado sucesso obtido passa agora a ser banalizado: "Conseguimos o braço, agora queremos a perna; conseguimos a perna, agora queremos o tronco...". Ao se reduzir na percepção de valor das vitórias, tudo passa a fazer menos sentido; se abre distância em relação à essência, ao sentido de tudo, novamente minando a motivação dinâmica e enfraquecendo o poder de ação.

Um outro distinto vício, por vezes observado em condição de maturidade, é o do desenvolvimento e revelação da soberba e da arrogância: "Chegamos ao cume, já sabemos tudo...". "Só terá crédito comigo quem estiver nesta mesma altura ...". "Construímos agora uma imagem de triunfo que deve ser preservada. Não podemos demonstrar que falhamos, muito menos vulnerabilidades, pois agora a estaca do ego está muito elevada, e isso me faz sentir muito bem...". "Triunfamos desta maneira, portanto, conhecemos o caminho das pedras. Devemos manter o *status quo*, e todos devem seguir essa mesma fórmula (...)". Perceba que essas programações mentais levam a alguns caminhos letais: a estagnação devido ao bloqueio do processo de aprendizado e evolução; e uma deterioração do clima, uma vez que indivíduos arrogantes não reconhecem e desvalidam a identidade dos demais, criam repulsão e tabus de comunicação, bloqueando ainda mais a possibilidade de aprendizado e expansão. Dessa forma, cada vez concebem a realidade de forma mais distante e sob devaneios, perdendo o respeito do grupo, e se tornando um potencial agente desagregador. Em um universo dinâmico, estagnação é sinônimo de declínio. Há sempre predadores a postos. Ninguém consegue ter sucesso sem vantagem competitiva constantemente renovada, pois, na ecologia competitiva, que nunca sejam subestimadas as inúmeras pessoas e o empreendimento surgindo com o ímpeto de nos sobrepor.

Essa fase do ciclo dispõe abundância de recursos; tempo de colheita, de desfrute. Nessa hora, sob pulsão dos vícios, estimula-se um maior estímulo do foco na atuação política, que, se conduzida ao seu sentido pejorativo disfuncional, a energia producente se dissipa e se corrompe em conflitos de interesses, distanciando o paradigma e ação de sua essência que construiu a prosperidade. Em se perdendo de vista o significado original, os valores são distorcidos, e indivíduos passam a desequilibrar a balança entre servir e ser servido, revolvendo camadas inférteis da natureza, precedendo a desorganização, a insustentabilidade.

Entre a pulsão para vícios e a consciência para perpetuar virtudes se definem as próximas etapas de um destino individual e organizacional. Quando o percurso flui para a sustentabilidade, as transformações se sucedem pela inteligência. Quando se forja a crise e posterior mutação e reciclagem, as mudanças se decorrem pela dor. São escolhas: de um lado a pulsão, de outro, a consciência.

No final das contas, o propósito genuíno da maturidade é a responsabilidade sob impactos e consequências, de modo que as ações são forjadas a buscar constantes lacunas positivas ao bem-estar dos indivíduos correntes a longuíssimo prazo. É dominar as forças gravitacionais negativas, preservando e desenvolvendo as nossas aves dos ovos de ouro, que são o ambiente e as pessoas, desse modo, transformando o ocasional em constante, esbaldando-se em uma espiral positiva que passa a se chamar sustentabilidade.

5
SUSTENTABILIDADE: A ESSÊNCIA CONSTANTE

Eis o estado da arte da gestão humana na Terra, onde estaríamos inseridos de maneira harmônica diante das leis naturais universais, e iríamos daí para melhor. Se houvesse o paraíso, se encontraria neste espaço, onde o valor cultural predominante da humanidade transcenderia o ego e a consumolatria, e passaria a se identificar com o universo. Como aludido, um sonho grande se torna palpável quando permeia as pessoas, a sociedade, onde uma nova consciência edifica uma nova realidade, um novo mundo. Quem ama uma flor não a arranca, mas sim a rega.

Convive com os humanos uma fascinante inquietação acerca do sobrenatural, o que há além da vida. Esse alcance provavelmente nunca existirá, porém, seguramente, a possibilidade do nosso nível máximo de iluminação se encontra em apenas um lugar: na vida, no presente, no agora. Essa verdadeira luz que nos conecta com a realidade, com todo fluxo cósmico e toda corrente pré e pós-geracional. Tudo converge no presente. É sob esse que determinamos os fluxos pós-geracionais e, mais que nisso, encontramos em cada instante a oportunidade do bem-estar e plenitude diante da própria existência, que se consolida à medida que mutamos aparência por essência, corpo por alma, e rancor por amor. Diante dessa elevação, enfim, convertemos oscilação em constância, para, de fato, afirmarmos a existência de um processo evolutivo humano nas dimensões mentais e espirituais, não somente tecnológicas. Assim, essas se encontrarão em sinergia em vez de antagonismo. A identificação com o universo forma a base cultural possível para a justiça e a paz.

As instituições possuem papel determinante nessa corrente enquanto regentes ativos da cultura vigente. Aquelas que perceberem e agirem sob

ESPÍRITO ORGANIZACIONAL

o desejo latente de sustentabilidade existente na unidade humana universal, dissociando a cultura de identificação com a forma e edificando uma energia de coesão acerca da universalização poderão receber uma adesão sem precedentes. Mudanças culturais são longas. Provavelmente nem colheremos os frutos, mas poderemos ver a árvore crescer, ornamentando e engrandecendo tudo que temos agora, o presente.

A sustentabilidade representa o movimento dinâmico contínuo de perpetuação da maturidade, bem como a busca constante de elevar o seu nível. Podemos distinguir três dimensões capitais interconectadas do fenômeno: humanas, sociais e ambientais. Para se elevar o nível de maturidade de uma organização com constância, a criatividade e desenvolvimento, introdução e crescimento (desenvolvimento), são as três bases estruturais de uma espiral cíclica em constante movimento, de maneira que a maturidade é o pico da espiral, e à medida que as bases se mantêm em movimento dinâmico helicoidal, a maturidade ascende para acompanhar o movimento do *benchmark* ou para superá-lo, por meio da competitividade dinâmica. Quando essa base espiral sustenta ou eleva a maturidade competitiva de maneira constante por um longo período, a isso chamamos esossustentabilidade.

Entretanto, uma organização, para assumir uma estatura de sustentabilidade integral, deve transcender a dimensão da esossustentabilidade à exossustentabilidade. Exossustentabilidade se alcança quando o movimento de esossustentabilidade não possui impactos negativos em outros sistemas, ou seja, quando as estruturas bases de nenhuma outra espiral interconectada são quebradas em detrimento à ação da organização. Segundo o princípio ecológico, todos os sistemas possuem interconexões e interdependência com outros, em uma rede que se expande até chegar ao nível universal. Desse modo, quando um sistema se desorganiza ou se torna insustentável, devido à ação de outro sistema, esse movimento se expande gerando prejuízos ou sucumbindo diversos outros complexos correlatos até que esse efeito rede se perca de vista à percepção humana, alterando silenciosamente nossas vidas, nossa consciência e subconsciência. São as conexões ocultas universais, imperceptíveis aos olhos míopes do reducionismo.

Organizações responsáveis na direção ou na posição de sustentabilidade integral migram a sua terceira base estrutural de crescimento para o desenvolvimento, pois o primeiro limita-se ao quantitativo e, ao segundo, incorpora-se o qualitativo. Crescimento aponta como indicador de desempenho apenas a geração e acúmulo de uma unidade econômica baseada na produção e aquisição de bens e serviços; o desenvolvimento vai além, pois considera de maneira determinante os impactos da atividade nos demais sistemas ecológicos, sociais e humanos.

O *status* de sustentabilidade integral representa o estado da arte da responsabilidade e do papel organizacional amplo. As organizações do futuro, que buscam e se encontram em ação e movimento para o atingimento dessa distinção, denominamos sustentabilidade integral dinâmica; as que seguem promovendo impactos extrínsecos negativos unidirecionais em prol da ganância, denominamos insustentabilidade integral dinâmica.

Ao passo que a humanidade lograr o movimento transgeracional de uma nova consciência ecológica, seja pela inteligência ou pela dor, as imagens e ofertas institucionais assumem enlace mais íntimo com sua posição diante da sustentabilidade dinâmica, possuindo assim elevada influência no posicionamento competitivo, direto, pela percepção do público, e até mesmo indireto, por acessarem distintas concessões fiscais, creditícias, promocionais etc. Nesse sentido, ao intrépido criativo, agrega-se outro papel, o de desenvolver soluções aos impactos negativos da organização, bem como promover o atrelamento da sustentabilidade dinâmica ao posicionamento de marca, produtos e serviços com vias à construção da vantagem competitiva dinâmica com novos elementos de valor percebido pelo público.

Quando a condição humana e mercadológica alcançar esse nível, estaremos diante do progressismo sistêmico, em que a evolução humana transcende a dimensão tecnológica, e passa a agregar as dimensões mentais, espirituais, sociais e ambientais, em um novo mundo onde se experiencia com alta intensidade a iluminação do ser e a fraternidade.

A crise ambiental proveniente da incessante busca por crescimento econômico na qual convivemos possui relação causa e efeito com o estado dominante dos indivíduos, que se reflete nas atitudes diante do social coletivo, de maneira

176 | ESPÍRITO ORGANIZACIONAL

que a gênese do equilíbrio sistêmico ambiental almejado corresponde ao equilíbrio da condição humana. Do equilíbrio humano provém o potencial equilíbrio ambiental, pois de nós provêm a gestão e responsabilidade sob esse. Da condição humana de se atribuir ao ego o valor cultural dominante, por meio da exacerbada identificação com a forma, origina-se o desequilíbrio existencial dos indivíduos, ao passo que pessoas em entropia estão susceptíveis ao desenvolvimento da ganância irresponsável, onde o ímpeto de promover o crescimento a qualquer custo promove a intra e intercompetição predatória que, além de progressivamente exaurir a capacidade produtiva, tensiona e apequena a experiência existencial, buscando a contemplação artificial por meio das aparências, abdicando da essência e da identificação com o universo, a contemplação original. A grande questão que pode fazer parecerem utópicas as concepções de sustentabilidade são o fato de que uma grande parte dos sujeitos impetuosos que se proliferam em posições de liderança possuem distúrbios de ausência completa de empatia, devido a seus níveis de narcisismo destrutivo. O preço que pagam os responsáveis e bons que não fazem política: serem liderados pelos perversos. Sustentabilidade passa pelo desenvolvimento da cultura do encorajamento responsável autêntico.

Sustentabilidade, enquanto a condição de perenização da capacidade competitiva e produtiva, via preservação e desenvolvimento dos recursos produtivos humanos e ambientais, demanda constante vigilância para se neutralizar as correntes gravitacionais descendentes que a antagonizam e determinam o declínio, sendo a preservação um feito estático de ausência de degradação; e o desenvolvimento a ação dinâmica de melhoria da produtividade associada a impactos positivos aos demais complexos.

Em se tratando de recursos humanos, a preservação e o desenvolvimento são duas forças interconectadas, entremeadas, que não podem ser diluídas, pois suas determinantes atingem ambas as dimensões. O ponto de partida consiste em compreender a existência humana como um sistema complexo dos cinco elementos vitais interconectados: trabalho, família, saúde física e mental, espiritualidade e sociabilidade. Isso posto, o nível de organização de qualquer um dos elementos impacta os demais, sendo assim, do ponto de vista humano, ao se conceituar o pleno equilíbrio, estamos referindo à capacidade e condição do ser de manter-se em ordem diante desses cinco elementos, em um primeiro nível não os permitindo degradar, e em um segundo plano, elevando-os. Do contrário, em qualquer elemento que entra em estado de degradação, ações posteriores são paliativas, remendos, de maneira que a forma original dificilmente será a mesma. Em última análise, o equilíbrio humano representa a manutenção da sua capacidade produtiva e do seu impacto positivo.

Diante da busca pelo equilíbrio, duas ressalvas. Por evidente, a conjuntura apresenta diversas problemáticas e inconvenientes. Equilíbrio não é a ausência de problemas, mas sim como lidamos com eles, se de maneira destrutiva ou construtiva; representa nossa sabedoria e atitude para refinar o que é tóxico e transformar em matéria fértil. Outro ponto é que nossa vida é composta por fases nas quais as ocasiões demandam de nós o exercício mais dedicado de algum ou alguns determinados papéis, portanto, não representa que os cinco elementos estarão o tempo todo em levitação, mas sim nosso discernimento para perceber quando um deles está tendendo a sair de órbita, e atitude para revigorar sua posição orbitante ou energia ascendente.

Um ser em desequilíbrio despende grande energia e foco mental para sobrepor sua zona de tensão emocional, e conter sua tendência de implosão e explosão, ação essa que retroalimenta o efeito degradante, estando em condição de subcapacidade produtiva e frequência emocional, tendendo a afetar negativamente o meio; e dificilmente fará algo brilhante, além do trivial. Atentemos que organizações que levam sistematicamente seus indivíduos ao nível de exaustão estão construindo a exo e endoinsustentabilidade humana e ambiental, nas quais o espaço da ambição se toma pela ganância irresponsável. Até podem obter o crescimento por um período, mas sem desenvolvimento.

O equilíbrio humano representa a manutenção da sua capacidade produtiva e do seu impacto positivo. Organizações em sustentabilidade dinâmica possuem consciência de que seus recursos humanos são seu maior tesouro, e, do equilíbrio desses enquanto seres provirão seu melhor desempenho e seu melhor impacto enquanto ambiente emocional, portanto, reconhecem e promovem a vida do ser enquanto um sistema amplo de plenitude. Ademais, agem efetivamente diante da motivação estática e dinâmica das pessoas, de maneira que estas irão expandir sua capacidade produtiva e resiliente, afastando o seu ponto de exaustão, logo, expandindo a zona de convergência da constância com a potência de agir.

A onda cíclica dos sete poderes da transformação são as fases nas quais transitam os sistemas, desde um átomo até o cosmo. Apreciar esse fluxo incorporado na vida humana é fascinante. Somos concebidos como seres únicos, somos luz, protótipo de revolução. Introduzidos, uma curiosidade delirante pelas sensações, testar o mundo, por descobrir o novo, de maneira que o cérebro de uma criança possui atividade sináptica constrangedoramente muito superior à de um homem adulto, condicionado a tentar pouco além da redundante rotina. Crescemos, dependentes, queremos forjar nossa identidade, subverter as amarras, criar asas, porém, ainda sem grandes motivos para sermos responsáveis, quando a voz dos erros persiste em promover mais instrução do que a da experiência, percebemos um horizonte temporal infinito, onde o presente se predomina leve e prazeroso; projetamos a conspiração do mundo aos nossos sonhos e ideais. Pseudomaduros, imergimos de vez na ecologia humana e, com ideal de independência, há um grande viés de busca por espaço, logo, competição. Nessa hora, as asas da liberdade podem se transformar em garras; competir é se comparar o tempo inteiro, referenciar a luz própria à luz alheia, à cultura, a armadilha da identificação egoica politicamente correta que inibe a espontaneidade e nos torna personagens. Sendo esse o espelho, passamos a esperar menos dos outros, discernindo entre picos mágicos de amor e baixas de crueldade pelo caminho. Um universo infindo de bem-aventurança ao alcance de quem a constrói por meio da consciência e do equilíbrio. No mundo, não estamos nem no paraíso, nem nas trevas, mas sim em algum lugar no meio disso; nossa consciência e arbítrio nos determinam em que direção caminhar. No nosso mundo interior, nossa mente, tampouco ao céu, tampouco ao abismo. Na existência, necessariamente nos deparamos com perdas e frustrações; sustentabilidade começa dentro de nós, na nossa capacidade de, pela atenção permanente, manter nosso percurso sempre direcionado às dimensões mais elevadas da consciência, independentemente das externalidades, por meio da capacidade de autoconhecimento, proatividade e resignação. Assim, estaremos aptos para o triunfo no mundo externo.

Esse processo não ocorre automaticamente, uma vez que nossa mente pode assumir um papel sabotador. Pensamentos vêm e vão espontaneamente, incessantemente. Quão mais acelerados, eis a mente hiperpensante. Em uma mente hiperpensante, pensamentos são entidades independentes, com vida própria, ocorrem por impulsos, involuntariamente, necessariamente projetando passado ou futuro, que são meras ilusões, e tendem a se gerar boas doses de emoções negativas de angústia, medo, ansiedade, ressentimento, nostalgia, que são as fontes de atos inconsequentes. Pensamentos desgovernados são mais do que inúteis, são sugadores de energia. Não esperemos ter pleno controle do ímpeto dos pensamentos; todavia, podemos ter a consciência sobre esses, observá-los em perspectiva, como as águas de um rio que, aos poucos, nos revelam muito sobre nós, e nos permitem, pela higiene mental consciente, ir removendo as impurezas que dissipam potência, e torná-las fonte de plena energia vital. O equilíbrio humano representa a gênese da sua sustentabilidade, que tão logo é a grande propulsora da sustentabilidade e do desenvolvimento organizacional.

Um outro viés fundamental da sustentabilidade é o social. O sincronismo da dinâmica econômico-cultural de uma organização possui efeito direto e determinante na sua direção de equilíbrio ou degradação do organismo social. O equilíbrio social passa por uma escalada evolutiva na qual as bases servem de pré-requisito aos demais degraus. O patamar primário se refere a que todos os indivíduos existam sob plena condição de dignidade, atingida pela contemplação das necessidades, logo, da condição de motivação estática. A partir desse ponto, passa-se a desmontar a perversidade do sistema educacional e conceder uma distribuição uniforme das oportunidades instrutivas do crescimento e desenvolvimento individual, logo, coletivo, desse modo, potencializando o despertar do desejo de se gerar valor, constituindo uma camada integral de renovação competitiva com pleno discernimento ético para desbanalizar a ganância irresponsável. Do mesmo modo, subsequentemente, elaborar um ambiente de concessão dos meios e distribuição dos recursos

180 | ESPÍRITO ORGANIZACIONAL

produtivos de maneira a estimular o livre mercado; nesse estágio, indivíduos sob motivação estática passam em grande medida ao estado de motivação cinética, ou seja, com pujança e vias para efetivar o desejo de gerar valor. Eis então o *status* genuíno de justiça social; de agora em diante, se vale a preciosa meritocracia genuína, a prosperidade sem antagonismos.

Podemos inferir, em primeira análise, que a meritocracia origina os mono e oligopólios, uma vez que organizações que lucram mais são tubarões que se retroalimentam aumentando cada vez mais o tamanho da sua boca para predar os demais. Todavia, em uma estrutura socialmente forte, há uma reciclagem incessante de indivíduos ávidos e aptos por gerar vantagem competitiva, de maneira que os tubarões dormem com um olho aberto e outro fechado para não serem gradualmente definhados por ágeis peixes predadores; vide o livre mercado de uma sociedade ajustada, o círculo mágico da evolução.

Desafortunadamente, inúmeras sociedades socialmente degradadas necessitam legitimamente lançar mão do processo de assistencialismo para estancar o sofrimento humano primário; podemos nos questionar se por esse caminho não haveria um estanque progressista, porém isso somente ocorre em se mantendo o *status quo* da degradação social. À medida que se edifica a base da justiça social, vítimas estruturais legítimas se reduzem, e tais indivíduos, por meio do processo de ética educacional baseada no universalismo, passam a ser amparados pela cultura de inserção, que torna a marginalidade quase uma questão de arbitrariedade individual, não um condicionamento estrutural. Eis a linha de chegada da sustentabilidade, uma sociedade justa, meritocrática e fraterna.

Nessa estatura, o progressismo, este flui de maneira discernida, sem custos relevantes, e seus valores distribuídos harmonicamente tal qual os recursos produtivos que os geraram, para qual e por meio do qual os indivíduos geram valor e os obtêm em retorno. De hora em diante, as próprias hierarquias de valores se permitem revisar e ascender à essência, com constância.

A mesma instrução e desenvolvimento humano que os fazem agentes emancipados de valor e frequência elevada os identifica com o universo, passando a perceber a riqueza do contraditório, que, em vez de separar, devido à identificação com o ego e com a forma, agora é agente de coesão e hibridização sinérgica. A cultura do universalismo prolifera seres abertos, sem fronteiras, dispostos a conectar sua luz interior ao universal, que certamente os retribui.

Atentemos a não consentir que o projeto estrutural globalista siga reduzindo as pluralidades humanas e culturais a um domínio singular, forjando um movimento inconsciente coletivo nessa direção, na qual devemos torná-lo consciente para preservar e cultivar valiosas essências. Essa força poderosa se faz valer do estímulo a uma face humana que não pretende ir ao encontro da harmonia, onde, por meio da intolerância crescente contemporânea, estruturas corporativas determinam grupos em busca por dominação e desintegração do contraditório, em última análise, sob forças das armadilhas do ego. Ao se buscar a própria identidade, deslegitimando as demais tribos e culturas, denuncia-se o vazio e a dependência para encontrá-la onde a identificação deveras existe, dentro de nós, nas quais acessamos, por um caminho mais exigente, o autoconhecimento. Desvalidando o contraditório, a harmonia, logo, a sustentabilidade, não se faz possível, nos restando um mundo de confrontos e isolamentos, ademais, diante das diferenças, se faz com que muitos valores preciosos sejam abandonados ou ignorados.

Ao projeto do estamento burocrático convém confrontar indivíduos e grupos, dividir para dominar. Nesse cenário, seres dependentes e imaturos dão força ao movimento, aderindo ao significado forjado de segregação atrelado ao diversionismo, pois dessa forma alimentam seu ego com as migalhas de sensação de pertencimento e apreciação diante de um grupo com outros indivíduos com programação mental similar, sob o mesmo mecanismo. Nesse processo, julgamentos moralizadores e dicotômicos depreciativos são antídotos para a dor de perceber e aceitar a própria prisão autoimposta diante do arbítrio e liberdade essencial da existência. Aversão ao diverso é projeção da negação a si mesmo. Paradoxalmente, nesse estado, o mecanismo é tão bem elaborado que, se por um lado, separam os grupos, por outro, acima disso, as estruturas de poder do capital enquadram todos a um padrão cultural comum direcionado aos seus interesses e demandas; em vez do culto ao indivíduo e sua unicidade, nessa perspectiva mais ampla, forma-se uma sociedade homogênea e altamente previsível, monótona.

Sustentabilidade adere-se ao universalismo, que consiste não somente no pleno respeito às pluralidades humanas e culturais, mas, também, sob princípios integrativos, as cultua enquanto riqueza existencial e expansão da percepção e lucidez diante das tamanhas formas de vida e concepções de valores possíveis diante da grandeza do universo, obviamente, desde que regidas por uma ética de não agredir aos grupos e meios de vida adjacentes. Universalismo se soma às formas de expansão da consciência enquanto busca do ser humano por sabedoria que condiciona ao bem-estar profundo e verdadeiro da existência. São as mãos habilidosas que desatam nossas amarras do mal-estar cultural.

Grandes corporações são os principais atores regentes da globalização e sua respectiva dinâmica de homogeneidade cultural em prol de seus interesses, ditando tendências, evoluções e revoluções nos mercados, e imprimindo voraz pressão competitiva aos negócios locais, assim conduzindo os mercados a uma direção mono e oligopolista. Organizações fora desse círculo de regência dispõem da oportunidade de se enquadrar nesse movimento de inércia enquanto expansão, fluindo com prosperidade nessa mesma onda. Em contrapartida, ante a premissa contracultural do universalismo, organizações universais, nas quais potencialmente se incluem as locais sob necessidade de defesa, possuem como oportunidade a autenticidade para se reintegrar culturas e atender valores universais, mesmo que em nova roupagem, de modo que, em se observando pela perspectiva inversa, em vez de se reduzirem, se dilatam, em um movimento de contrarrevolução difícil e complexo, porém, com alto poder implícito devido a seu potencial apelo de remover os indivíduos do estado reduzido de dissociação.

Logo após transcorrer nessa reflexão, me dirigi a um supermercado para fazer compras. Nele, me chamou atenção observar gôndolas inteiras dedicadas ao *halloween*, onde me veio a representação do fenômeno, pela incorporação sem sentido dessa tradição na cultura do Brasil. Essa celebração possui associação à época de fim da colheita no hemisfério norte, conotando fartura, e ao mesmo tempo se celebram os mortos e as almas liberadas do purgatório. Remete-se ao macabro, o lado sóbrio e obscuro do homem, cuja denotação do susto possui laços com a ideia de guerra dos mundos. Com todo respeito a essa tradição, seu culto e suas origens, não há nada a se relacionar e agregar com a identidade cultural brasileira, muito embora aos poucos estamos embebendo-a; no fundo, uma associação e identificação que lentamente se entremeia em um povo que em sua essência possui o valor original da alegria e extravagância espontânea. Temos sim a nossa maior manifestação cultural, o admirável carnaval, a alegoria que transborda de música e dança popular, repleto de cores e sensualidade; sua expressão nos leva a uma disposição hedonista e informal do povo. No caso brasileiro, desde época colonial, provém dos escravos, e suas antecedências exóticas significam o simbolismo da festa à subversão aos papéis sociais e a permissão aos prazeres, até mesmo os excessos. Perceba que o carnaval legitimamente muito simboliza como alento de alegria e sentido ao país marcado pela desigualdade e injustiças, proporcionando instantes de liberdade onde são em parte deixados de lado os papéis e nos encontramos mais próximos do democrático enquanto espaço e compartilhamento. Deveras, o espetáculo, o encanto, é popular, do verdadeiro Brasil.

Por vezes, o exótico nos agrega qualidade e ascende estacas competitivas; por outras, aproveita-se da suscetibilidade dos locais diante da elevação do seu valor e autenticidade, uma espécie de crise de estima coletiva, que nos predispõe a beber o líquido exótico sem examinar com ponderação o conteúdo do copo. Em muitas culturas locais, existem os copos com os melhores sabores. Eis a fartura universal.

Unicidades são as essências. Abdicar das mesmas e aderir à uniformidade sob o preceito de aceitação e apreciação limitado à forma banaliza a vida, torna as estrelas apagadas. Liberdade é a coragem de ser singular por meio do autoconhecimento e proatividade, e interagir com o mundo pela essência, sobrepondo a gaiola das aparências, e assim elevar a mente e o espírito por meio do respeito e aprendizado oportunizado pelas diferenças, e da paz oriunda do equilíbrio.

Sustentabilidade, por mais que seja uma concepção complexa, também possui seus elementos essenciais que residem na mais sofisticada simplicidade. Está na elevação das conexões por meio da compaixão, da gentileza, da empatia. É parar de viver na bomba-relógio do automatismo mecanicista e acender a luz da nossa estrela; parar, pensar, planejar, rever o sentido e, com responsabilidade plena, calcular consequências e, caso não se vá ao encontro do equilíbrio essencial, ter coragem para rever a rota e aprumar-se ao universo. É a escalada das aparências à essência, indo ao encontro da conexão com a verdadeira energia vital.

6
DECLÍNIO: ANCORADOS NAS APARÊNCIAS, OSCILANDO COMO O VENTO

6.1. ANTESSALA

O descenso organizacional se promove quando as forças antagônicas à criatividade e ao desenvolvimento, crescimento e maturidade são mais poderosas do que as que conduzem à sustentabilidade. Nesse caso, a organização está caindo por ela mesma. Longe de ser somente isso, no ambiente competitivo, o declínio pode se dar quando nos deparamos perdendo vantagem competitiva em mercados saturados, quando assumimos persistir atuando com foco em segmentos e posicionamentos cujo potencial de mercado está em declínio, ou quando degradamos ao ponto de exaustão nossos recursos produtivos ambientais e humanos. As diferentes organizações de um determinado setor por grande parte das vezes convivem e se sustentam intrinsecamente em um mesmo espaço, atingindo diferentes posicionamentos. Gostaria de enfocar o elemento humano, enquanto gestor de negócios e da existência, como o grande responsável pela condução do caminho do declínio em detrimento à sustentabilidade. Mas, afinal, o que nos levaria a sabotar os poderes da transformação positiva?

Somos animais racionais. Racionalidade essa que se concebe nossas crenças por fatos ou razões, em seguida, nossos pensamentos que legitimam as ações. Isso nos torna um animal político. Ela conduz às ultrapassagens dos ciclos até chegarmos ao momento presente, a era tecnológica, com o propósito legítimo de bem-estar e facilitar a vida humana. Quando a ela incorporamos o estado de consciência, ampliamos a possibilidade de plenitude por perceber a relação de si com o ambiente e suas infindas conexões. A matéria bruta dessa qualidade é a subjetividade, autoconsciência, senciência e sapiência. A elevação da consciência transforma

188 | ESPÍRITO ORGANIZACIONAL

subjetividade em autenticidade, autoconsciência em autoconhecimento, senciência em capacidade de aprendizado constante, e a sapiência em iluminação, que levam o ser a não se reduzir a existir tão somente em torno de si, mas sim sob o propósito de uma conexão de influência positiva com o ambiente, incluso fundamentalmente o humano. Refere-se a incorporar o espírito à mente.

Estamos distantes desse ser, o estado de frequência predominante entre os humanos. Do estado de inconsciência em que a humanidade persiste resistir, apesar da tão desenvolvida racionalidade, somos máquinas de produzir crises. Mas, afinal, de onde provém esse descompasso?

Um dos temas mais intrigantes da existência é compreender a natureza humana: se é compassiva, o meio a subverte; ou se agressiva, e a cultura a molda, controla e contém. Tão fascinante e renovador nos depararmos com tantas investidas de bondade genuína nos seres durante a jornada da vida. Ela existe, está entre nós, todavia, a crença de que esse é o estado predominante da humanidade pode ser considerada uma visão um tanto romântica. De fato, também estamos em um terreno repleto de armadilhas de perversidade, de modo que segunda tese possui um realismo perturbador. A crença e a busca da nossa evolução enquanto espécie nos permite crer no crescimento e dominância da dimensão compassiva nos seres humanos, oxalá em nosso próximo ciclo de mutação: a era espiritual. Demanda-se coragem para se reconhecer e atribuir a pulsão do ser humano pela agressividade como ponto focal das destruições.

Dentre as obras humanas, exterminaram-se os tigres-dentes-de-sabre, o leão marsupial e os diprotodontes, animais que pesavam até duas toneladas e meia, entre outros inúmeros e constantes genocídios ao longo da história. Destruímos florestas, desconfiguramos a paisagem da metade da superfície terrestre. Há quem diga que somos ainda muito mais perigosos aos próprios humanos. Nesse sentido, a cultura possui seu papel histórico de domar o animal humano por meio da moral, em prol da tentativa da construção de uma civilização harmônica, longe do caos, procurando conter e mitigar o seu ímpeto agressivo. Assim, surge a hipótese de que amar o próximo provém da cultura, não da natureza.

Quando buscamos compreender a mente de sujeitos que realizam atos atrozes, percebemos que dificilmente esses sentem arrependimento, e, mais que isso, realmente creem na legitimidade de seus atos, conseguindo justificá-los convictamente. A inquisição, queimar os hereges como bem à humanidade; e a escravidão, sob o preceito de ser melhor escravizar um grupo do que deixá-lo morrer pagão, simboliza o suporte encontrado pelo mal nos próprios valores culturais, por interesses travestidos de julgamentos moralizadores. Daí surge grande parcela da banalização do mal.

A vida em torno de si preponderante na cultura vigente projeta uma desconfiança acerca do altruísmo genuíno de grande parte dos seres, já alertada na filosofia de Nietzsche, que propõe que as pessoas, mesmo por meio de seus bons atos, estão sempre necessariamente buscando sua projeção pessoal. Maquiavel, sobre as estruturas políticas, diz que os aliados de alguém em condição de maior poder, no fundo, estão querendo sua posição. A banalização do mal é um círculo de fogo que se infla por ela mesma, canalizando energia potencial dos indivíduos para si. Quão mais escassos os recursos do ambiente, mais se condiciona o instinto de competição a qualquer custo. Onde não há sustentabilidade, reside no fundo de cada indivíduo um receio, logo, instinto de defesa ante a sua degradação social. Para evitá-la, centra-se no acúmulo de recursos como base para a sensação de segurança não provinda do ambiente social externo.

O desejo de crescer a qualquer custo premia os impetuosos, agressivos, e perpetua esses indivíduos nas posições de poder, pois, por meio do culto devoto ao intelecto discriminatório que representa apenas uma dimensão da inteligência, canalizam a sua projeção pessoal egoica, possuindo um tipo de resiliência em que o sentimento de remorso diante das consequências negativas de seus atos se anula, gerando uma camada de poder com níveis muito baixos ou até mesmo totalmente ausentes da qualidade da empatia. Como disse Platão, "O castigo dos bons que não fazem política é serem governados pelos maus", em organizações que funcionam como moedores de carne, um querendo o pescoço do outro. Muita transgressão, pouca consequência. Por que não serei parte da festa? Esse é o pertencimento perverso, a banalização que expande os limites da antiética, enquanto grande

ESPÍRITO ORGANIZACIONAL

parte dos sujeitos em estado mais puro assiste à festa um tanto assustada. Neste mundo, há dois tipos de indivíduos: os que estão jogando e sabem, e os que estão jogando e não sabem.

Nessa programação mental, se desenvolve a crença da segregação entre os superiores e os inferiores, que uns nasceram para mandar e outros para obedecer. Em estruturas hierárquicas, essa dinâmica possui viés natural, e aqui não estou questionando a legitimação da autoridade e o poder dos líderes para reger a ação dos liderados. O que transcorro consiste em que líderes com programações mentais e crenças limitantes se deparam com liderados emancipados que, ao perceberem tais vulnerabilidades e inseguranças no líder, passam a, mesmo que intimamente, deslegitimá-lo. Choques entre líderes impetuosos e indivíduos autênticos são frequentes propulsores de declínio. Esses tutores preferem seguidores. No fundo, quem possui essa crença, e anseia por meio de seu personagem narcisista se demonstrar superior aos outros, possui complexo de inferioridade. Sente-se vazio e inseguro, e constrói sua falsa personalidade sob regência de um ego obcecado por esconder tal essência; com agressividade, projeta nos demais a posição de rebaixamento civilizacional em que ele mesmo se encontra, como forma de fantasiosamente se sentir validado e triunfante. Em delírios e ruínas, gera danos, e se torna lobo solitário.

Entre as pessoas, existe uma enorme variação e diferença entre valores e formas de se perceber a realidade, o que pode gerar a dor diante da existência do outro, enquanto fonte renovável do contraditório em relação ao que nos identifica, nos legitima. Extravasando essa dor, os seres produzem a dissuasão, o humor depreciativo, a projeção, inveja, perversidade e a violência, de maneira a reduzir essa lacuna existencial entre diferentes paradigmas pelo caminho contrário: em vez de expandir-nos, o caminho mais fácil é reduzir o outro.

6.2. DISTÚRBIOS DO EGO – VIRTUDES SÃO PRÁTICAS, NÃO TEORIAS

Mais fluido que a água, tal qual o ar. Cautela, pois ao se fechar as portas, o ego excessivo permeia pelas frestas. Uma temática super-relevante, que, a meu ver, por omissão, não se vem atribuindo devida importância, é a presença e proliferação significativa de psicopatas e narcisistas destrutivos em posições de liderança. Indivíduos com essa personalidade, sendo em níveis baixos ou altos, aparecem com muito maior frequência alocados em posições de poder do que no público geral. Isso se explica pelas suas motivações egocêntricas e obsessivas por dominação e *status*, e respectivas habilidades para obtê-los, uma vez que essencialmente conduzem seus pensamentos e ações baseados na razão e na lógica e, em contrapartida, possuem ausência de emoção, logo, empatia. Desse modo, são verdadeiras armadilhas peçonhentas que causam impressão positiva a curto prazo, porém efeitos destrutivos a médio e longo prazos. Portanto é fundamental desnudar a carapuça aparente desses sujeitos para se conhecer sua real essência enquanto aniquiladores do clima organizacional e dos resultados.

Nossa conjuntura social está gerando uma pandemia de narcisismo excessivo que leva a um flerte com o vazio, logo, a crise, que gera e vitaliza o sentimento de inveja, uma peçonha oculta mais presente e atuante do que podemos imaginar nas organizações. Narcisistas excessivos são sementes latentes que crescem e se regam a qualquer custo, forjando seu triunfo perante uma artificial sensação de superioridade sobre os demais. Gostam dos enfraquecidos, pois assim se sentem maiores frente aos submissos. Com os fortes, forjam uma falsa conexão afiliativa, muitas vezes bajuladora, visando benefícios e interesses até onde durar essa fonte.

192 | ESPÍRITO ORGANIZACIONAL

Se não percebidos, possuem uma relativa facilidade de ascensão nas estruturas organizacionais, justamente pela ausência de autoconsciência diante de suas ações, fazendo com que ajam de maneira desinibida e se mantenham socialmente confortáveis. Sob domínio absoluto racional da mente, atuam como grandes sofistas persuasivos, sedutores, e aparentam inteligência superior. Paradoxalmente, é justamente essa ausência de remorso e empatia que os permite aparentar controle emocional, anulando esse componente emotivo de forma a suprimir o nervosismo e os delírios, transmitindo uma sensação de controle e confiança. Com esse respaldo, tendem a assumir comportamento megalomaníaco, de ilusão de grandeza, se superestimando e induzindo que as pessoas no entorno façam o mesmo, com seus contos e promessas de soluções mágicas. Convencem-se de estar diante de uma grande solução competitiva.

Em médio e longo prazos, psicopatas e narcisistas LDL organizacionais são insustentáveis e destrutivos ao ambiente, desagregando e reduzindo pessoas. Na prática, iludem os demais acerca de sua capacidade, não entregando resultados compatíveis com o seu discurso megalomaníaco. De fato, muitas vezes estão na média, ou abaixo dela. A problemática essencial dessa personalidade consiste em que se forjam dominantes sob o foco absoluto da autopromoção e de seus interesses próprios. Trabalham exclusivamente para si, não para a empresa. Percebem o outro como mero meio para atingir seu desejo predatório de *status* e poder, se aproximando das pessoas convenientes por interesse, visando obter vantagens e, posteriormente, as trapaceiam. No fundo, conhecem a diferença convencionada entre o certo e o errado; embora não disponham de emoção, conseguem, por meio do culto devoto ao intelecto discriminatório, mapear o funcionamento dessa emoção nos outros, com propósitos absolutamente manipulativos, abordagem constante desses indivíduos. Desse modo, conseguem persuadir pessoas de ideias infundadas com interesses distorcidos, utilizando meios de mentiras, chantagens, intimidação e coação. Comportamentos abusivos recorrentes, pois não há suficiente vocação à autocrítica.

Posição de dominância infere a busca por estar sobre os demais, uma posição relativa. Para esse movimento, forja-se a autoprojeção a qualquer custo, porém, uma vez que a posição é relativa, outro meio de estar sobre os outros se dá por reduzi-los. No âmago, um vazio e insegurança interior sob a carapuça de um personagem que se esforça para esconder suas fraquezas. Quem quer se sentir superior, no fundo, possui complexo de inferioridade. Para tal, semeia discórdia, e passa a depreciar a quem não se atribui utilidade pessoal, seus potenciais competidores e obstrutores, que são mais vistos como presas diante do seu instinto predatório. Pragmáticos, realizam julgamentos pobres e superficiais. Com o passar do tempo, e esses indivíduos atuando livremente, instaura-se um nível de caos: acúmulos de confrontos, em uma atmosfera carente de confiabilidade e lealdade que gera indivíduos vítimas, insatisfeitas, e com baixa qualidade de vida no trabalho. Vão acumulando erros e decepcionando pessoas enquanto liderança, com baixa capacidade de reconhecer e aprender devido ao seu comportamento negacionista reativo e arrogante. Esses líderes vão perdendo a admiração aos olhos de quem passa a perceber seu desvio. Não representam a sustentabilidade, pois, devido ao seu impacto negativo no ambiente humano, os resultados se degradam a longo prazo. Níveis muito elevados desses distúrbios levam ao sadismo enquanto propulsor de prazer, e ao impulso pelo roubo, instaurando as cleptocracias.

Gerações novas de talentos, mais desprendidas do desejo de se fixar a longo prazo em uma organização visando segurança, ao perceberem o clima negativo, logo trocam de empresa, pois a grande maioria já sabe que trabalho e existência caminham juntos. Estruturas administrativas, filosóficas e éticas fracas permitem a atuação ascendente de psicopatas e narcisistas LDL organizacionais por desconhecimento ou omissão. Em estado consciente, esses são identificados e barrados, desde o processo de seleção. Uma vez inseridos, bons líderes os percebem; sabem separar o joio do trigo nesse aspecto.

Para viver em plenitude, fundamental é o amor e a estima própria. O ego constitui a construção da imagem que temos de nós mesmos, nosso mundo interior, que determina as nossas reações diante das manifestações do mundo exterior, com intuito adaptativo. Construção da autoimagem é a base do processo. Adaptação, nosso grande instinto; o ego, nosso grande

194 | ESPÍRITO ORGANIZACIONAL

valor cultural. A defesa representa um dos instintos inconscientes do ego; nesse sentido, para muitos, a melhor estratégia para a defesa é o ataque. Defesa da autoimagem muitas vezes determina o comportamento reativo e arrogante do ego, de onde provêm suas manifestações excessivas de orgulho, vaidade e narcisismo LDL. Essa busca condiciona os indivíduos ao egocentrismo, centrando a vida na plena identificação com a forma, na imagem. A problemática se dá quando o condicionamento da autoimagem se faz dependente do juízo externo, referenciando sua validação na limitada cultura vigente, baseada em comparações, rótulos e julgamentos, distanciando o sujeito do seu caráter e essência, reduzindo-o à mediocridade de quem não busca um propósito maior, de apreciar a si mesmo, enquanto o universo necessita de pessoas com mente mais aberta para navegar livremente na profundidade potencial das conexões sistêmicas.

Muito embora o ego seja nosso maior valor cultural, quando a vida se centra nele vinculado à plena identificação com a forma, surgem grandes fatores de sofrimento pessoais e interpessoais. Quando a autoestima se faz dependente de uma autoimagem baseada em julgamentos externos, afasta-se do autoconhecimento, e as aparências sobrepõem a essência, gerando assim as representações sociais. Nesse ponto, o ego escraviza. O desejo de projeção pessoal como alimento para a autoimagem se dispõe acima do propósito coletivo, desse modo, o que é melhor para a organização e para o todo fica no ponto cego.

A dependência da autoimagem a juízos extrínsecos inibe os indivíduos de reconhecerem seus erros e vulnerabilidades, perdendo bruscamente sua capacidade de aprendizado, de se manterem humanos. Possui efeito estagnante. Para tal, dialogam para provar e convencer que estão certos, e se perde a empatia. Exibimos uma bela carapuça do nosso personagem no teatro social, porém obstruímos os acessos à essência; manter nossa imagem ao alcance da carapuça é uma ótima defesa, onde somos percebidos fortes. A quem não reconhece e age sobre as falhas, dificulta-se todo o processo de comunicação e cooperação, maximizando conflitos. Paradoxalmente, a necessidade excessiva de autoafirmação enquanto forma de defender e preservar a autoidentidade revela, no fundo, um sujeito inseguro e vazio em uma busca forjada e obsessiva pelo viés de confirmação que se dilata apoiado em indivíduos bajuladores que foram criados por uma intimidadora abordagem moralista doutrinária.

Não raramente, quando a percepção da autoimagem nos leva a deparar com questões que não queremos perceber, tornar consciente a poluição das nossas sombras, dissipamos esse desconforto externalizando-o por meio da projeção, julgando e apontando nos outros aquilo que não toleramos em nós mesmos.

Uma problemática referente ao ego é que o processo de crescimento, seja em nível organizacional ou de carreira, possui tendência a uma correlação positiva com o nível dos seus distúrbios, à medida que se percebe o reconhecimento como a validação absoluta das crenças preconcebidas do indivíduo, gerando uma autoimagem de inteligência e sucesso, que passa a necessitar ser preservada nesse patamar, novamente bloqueando o reconhecimento de falhas e vulnerabilidades, logo, do aperfeiçoamento. Muitos líderes nessa hora se reduzem ao estado negativo da criança, querendo estar constantemente afirmando o que fazem, o que sabem, e doutrinando a equipe às suas crenças preconcebidas, que certamente podem ser de muita valia, porém, o líder, ao assumir conduta reativa diante da tentativa da equipe de transcendê-las ou expor o contraditório, está sob ação do ego. Assim surge o politicamente correto, quando pessoas renunciam a suas opiniões autênticas para agradar quem se ofende por qualquer coisa ou é defensivo diante do contraditório. Pessoas se moldam a pensar e agir como querem os dominantes, e se instauram os tabus de comunicação.

Nesse processo, surge o fenômeno da infantilização social, no qual, diante da questão da autoafirmação identitária, em um estado de insegurança, as pessoas se tornam mais intolerantes ante o contraditório, de quem valora diferente, pensa diferente, age diferente. Agir sob a crença de que o seu modo de perceber a realidade é superior ao dos outros gera a arrogância, que, por sua vez, afasta e gera a antipatia das pessoas, dissolvendo o poder afiliativo do grupo. Assumir personalidade arrogante é viver como um pote ressecado virado de cabeça para baixo na chuva, bloqueando a entrada de

ESPÍRITO ORGANIZACIONAL

novos conteúdos e visões, de correntes renovadas. O comportamento defensivo se torna automático, trazendo o que há de pior, o arrogante controlador.

A obsessão por poder e *status* baseada no egocentrismo possui, no desejo de controle sobre os demais indivíduos, um dos seus grandes motivadores. Quando exacerbada, exerce abuso e depreciação projetiva nos liderados que julga inferiores ou que não são agentes produtores de sua autoestima, podendo se transformar em uma relação de opressão. Como uma das leis desse ciclo vicioso, os indivíduos, por certa vez oprimidos, assim que assumem posição de poder serão opressores. Bons aprendizes, os ovos da serpente; estruturas lineares de sucessão de lideranças negativas. Revelar e inflar o ego autocrático, o passaporte para encontrar o pior de si mesmo.

Centrando a vida exclusivamente no eu, ficamos estáticos diante da ilusão de que o universo gira em torno de nós, e abdicamos de transitar na sua dimensão maior. Nessa cultura, as pessoas não estão genuinamente interessadas nas questões do outro, gerando estruturas carentes de empatia, onde as interações mais são monólogos de egos: "Estou fazendo o projeto de um navio ..."; "que bacana, eu estou construindo um edifício". Desse modo, a identificação com a forma torna os diálogos superficiais e entediantes.

Diante da armadilha egocêntrica, somos reduzidos quando o localismo se contrapõe ao universalismo, pela crença de que, ao se pertencer a um determinado local, doutrina ou posição, seus paradigmas são superiores aos demais, que passam a ser julgados como alienados. Desse modo, o mundo se divide em tribos, bolhas, núcleos identitários, para seguirmos confortáveis na busca de nós mesmos.

A sabedoria original oriunda da experiência se fundamenta na ideia de que o tempo forja a redução da identificação com a aparência que se compensa com o aumento da identificação com o espírito, com a essência, assim levando a existência a uma dimensão mais ampla. Daí provém o valor de quem possui mais vivência, ao contrário daqueles os quais o tempo os mantém atados à forma, qualificando a experiência distorcida. Vivência não é tudo, mas sim o que fazemos e como damos significado a ela.

6.3. COMUNICAÇÃO MARGINAL – A GAIOLA PRATEADA DO EGOCENTRISMO

Em uma organização ou sociedade na qual predominam indivíduos dependentes e imaturos, forma-se um círculo vicioso de mediocridade baseado em projeções, rotulações e comparações, onde o principal objetivo das interações é a preservação da identidade e da autoimagem, em vez da busca pela consciência e expansão mútua. Nessa cultura, a motivação de se conservar resulta em um estado estacionário do ser, tal qual caranguejos em um balde, onde se algum tenta qualquer movimento para subir e enxergar o mundo de fora, os outros logo o puxam para baixo, retornando ao fundo. Projetar-se em alguém consiste no ato de expelir no outro os vícios que possuímos conscientemente ou inconscientemente dentro de nós mesmos, autorrepressão que implode na forma da comunicação violenta; ao apontar o dedo para alguém, existem outros quatro direcionados a nós mesmos. O paradoxo é uma das leis da vida, geralmente as coisas não são como aparentam ser. Comparação é tomar o outro como referencial para nossa própria autoimagem. A problemática desse vício é de que, aprisionado à falta de coragem de ser autêntico, quem se referencia em comparações possui aversão à emanação da luz do outro, pois o ego não se permite sentir inferior, adentro do círculo vicioso do banal. Estando o indivíduo estacionado, o impulso é baixar a régua do outro, tornando baixo o nível de consciência e *performance* coletiva. Quão maior sua dependência e insegurança identitária, o sujeito assume automaticamente o comportamento e a comunicação defensiva, de modo que oculta suas fraquezas ao limite e, em contrapartida, o fracasso alheio o conforta. Nesse ambiente, fica muito mais fácil uma dose de talento se destacar; em terra de cego, quem tem olho vira rei.

198 | ESPÍRITO ORGANIZACIONAL

Em estado reativo, conflitos potencialmente funcionais se transformam em confronto, pois o diálogo sobre as coisas é levado para o lado pessoal, despertando a agressividade. Age-se impulsivamente sem absorção ou reflexão, pois, no fundo, os indivíduos armados e defensivos não se encontram bem resolvidos consigo.

Ao mesmo tempo em que se espera que o entorno seja nossa fábrica de autoestima, cada vez mais há menos tolerância ao outro que se mostra menos que perfeito. Se o mundo exterior não vem ao encontro das nossas crenças e paradigmas, simplesmente o negamos, desvalidamos, com medo de nos sentirmos perdidos, travestidos com a armadura da arrogância do ego. Quando a realidade se faz impiedosa e confronta, encurralados, assumimos o modo infantil vitimizado, lamentando que o mundo não veio ao nosso encontro. Ao menos desse modo oportuniza-se retirar-se do ilusório: nós que devemos ir ao encontro do universo, do contrário, vive-se no devaneio da gaiola prateada do egocentrismo.

Nessa gaiola, o processo de comunicação baseia-se no objetivo de provar que estamos corretos e o outro está errado, perdendo o senso de solidariedade e levando as questões à superficialidade do pensamento dicotômico, que divide a realidade em polos opostos: totalmente bom ou totalmente ruim, o preto ou o branco. Impede-se de se abrir genuinamente a conexão com o outro, nossa grande fonte de aprendizado.

Consciência se dá quando nos desmagnetizamos da dependência de um constante estímulo alheio de que tudo que nós fazemos é o correto, o perfeito, e passamos a perceber de fato como nossos próprios vícios contribuem para as interações ineficazes, permitindo-se invocar os paradigmas dos outros e oferecer os nossos de uma maneira respeitosa e honesta. Uma das melhores maneiras de se abrir essas pontes é tendo suficiente segurança e humildade para assumir falhas e vulnerabilidades, em vez de se justificar. Assim, surgem as grandes soluções, e quebras de barreiras, por meio da essência humana. Passamos a expressar não uma verdade, mas sim uma interpretação, baseada em retórica límpida, abandonando o intento de que o outro se prive de suas ideias. A base de toda comunicação produtiva em uma organização é a consciência da existência de um propósito genuíno comum entre as partes. Se esse princípio não está definido e claro, primordialmente mantém-se uma desconfiança e o foco em se inferir se o conteúdo da abordagem é legítimo ou malicioso, sendo novamente um estopim para o impulso reativo, onde a interação se retém meramente no objetivo da preservação identitária.

A gaiola prateada pode ser um lugar muito confortável enquanto estamos no lado A da vida, com tudo correndo nos conformes, fartamente nos satisfazendo em uma vida cosmética, higienizando e embelezando a autoimagem; na fonte do desvanecer, nos escondemos das vulnerabilidades diante da real dinâmica do entorno. Um atalho certeiro para a vaidade que se transforma em arrogância, uma imperceptível cegueira que gradualmente promove a desorganização e o declínio, como bem disse William Shakespeare: "Não suje a fonte que saciou sua sede". Na crise, ainda pior que a miséria, é a intransigente soberba, a ignorância de não a perceber a caminho.

Arrogantes, por evidente, em estado de negacionismo, ao não reconhecerem seus erros, carecem de transmitir confiança aos seus parceiros e os afastam com o tempo. Quem, afinal, aprecia negociar com o sujeito que crê que sabe tudo mais do que todos e sempre possui a verdade em seu lado? Melhor partir para outra relação. Com o tempo, arrogantes podem ser solitários sem perceber, ainda crendo que o problema está nos outros, pois não são bons o suficiente para estarem com eles. Doce ilusão. Lobos solitários, imersos na própria fantasia de onipotência, se corroem apesar de o personagem social ainda demonstrar uma falsa imagem de força.

Onde não há diálogo aberto e sincero, não há riqueza de aprendizado. Nossas interações com o universo propiciam constantes oportunidades de aprendizado, quebras de paradigmas e expansão da consciência. Todavia aprender de maneira potente demanda estar com a cabeça aberta e não temer as exposições. Além de apenas uma questão de motivação, a capacidade de assimilação se trata de uma programação mental, das próprias regras cognitivas, de se manter atento e presente sem julgamentos baseados nas próprias experiências e crenças, que podem gerar filtros e bloqueios. Grande parte dos indivíduos subutiliza sua capacidade de aprender, pois não possui a humildade enquanto valor e, diante de falhas ou insucessos, age sob o

ESPÍRITO ORGANIZACIONAL

impulso do criticismo, da justificativa defensiva, de culpar os demais. Diante de falhas e insucessos, existem três caminhos principais: do trampolim, onde o aprendizado eleva você vertiginosamente à capacidade de fazer mais e melhor na próxima; do trauma, onde se perde autoestima e autoconfiança diante dos próximos desafios, parecendo ovelha assustada, sendo que agir com medo consiste no próprio caminho para falha, gerando-se um círculo vicioso; e da reatividade, onde negamos nossas responsabilidades com medo de perceber ou demonstrar vulnerabilidades. Assumir responsabilidade diante de falhas é um dos grandes saltos para viver e aprender, conquistar confiança e interagir com o que há de mais genuíno no outro. Reativos, em prol da preservação identitária da imagem, passam a crer e demonstrar que são infalíveis e, à medida que o orgulho e o ego se inflam, ficam estacionários, repugnando o processo de comunicação produtiva, decepcionando quem se encontra sob consciência.

Quando às próprias regras cognitivas se imprimem bloqueios, surgem os inimigos do aprendizado. O desejo de manter o controle unilateral e centralizador acaba por subvalidar ou desvalidar a capacidade de independência alheia, assim, subestimando a capacidade da equipe, parte-se da crença limitante de que o outro não possui a agregar em termos de valor e conteúdo; a busca pela imagem do infalível que maximiza acertos e minimiza erros pode gerar sujeitos sem coragem de ousar, de agir além da zona de controle, perante o medo de se expor e ser trazido de volta à caverna pelos demais, o medo de constrangimento; medo de externar sentimentos negativos por parecerem fraquezas, mantendo os riscos na zona de tabu, permitindo que esses se implodam sozinhos com o tempo, e que o aprendizado venha pela dor, não pela proatividade. Esse comportamento se faz típico naqueles que procuram aparentar ser o mais racional possível, ilhando e a essência. De passagem, pontuemos que os pseudorracionais tampouco sentem-se confortáveis para expressar sentimentos positivos. Reprimir sentimentos negativos leva a doenças psicossomáticas, como a ansiedade, depressão e hipertensão. Quando você reconhece e aceita os sentimentos tóxicos, passa a entender que, por detrás da melancolia, da raiva ou do ódio, existem sentimentos e necessidades não atendidas, e passa a agir de maneira mais consciente nas suas reais origens, de maneira que rapidamente eles se enfraquecem, e passam a ser transformados em aprendizado e consciência.

Abdicando de compartilhar fatos, sentimentos e pensamentos, resta acreditar que compreendemos a realidade apenas inferindo os intentos dos outros. Desse modo, tampouco nossas atitudes não se fazem perceber de acordo com nossas intenções; vive-se na obscuridade das criações mentais, dos anjos e monstros imaginários. Quando os monstros mentais se fazem fortes, tornam-se sabotadores, e fatos negativos prevalecem diante dos positivos, e passa-se a focalizar no sofrimento das fraquezas em vez de se cultivarem e tonificarem as fortalezas.

A face bestificadora e entediante do mundo digital também representa um absurdo culto à gaiola prateada, onde assuntos relevantes são tratados às margens via teclas para que tudo fique registrado e se evite o dito pelo não dito, assim os homens assumindo de vez sua descrença e desconsideração pelo poder da integridade, das palavras e do diálogo, que em última análise desvalida a legitimidade dos próprios indivíduos. Nesse aspecto, o culto digital se traduz em uma faca que nos ceifa, uma barreira para a qualidade do diálogo por meio do qual são obtidos os grandes avanços e satisfações. Seriam esses seres inseguros, com medo de suas próprias profundezas?

6.4. O SABOR AGRIDOCE DA CAVERNA

Grande parte dos líderes entusiastas da melhoria contínua, que advoga que suas equipes devem pensar fora da caixinha é, na realidade, o grande obstáculo para que essa cultura se concretize. No fundo, sente-se desconfortável com os que transcendem suas ideias, ou oferecem diferentes pontos de vista. Na maior parte das vezes, quando a equipe traz visões diferentes das suas, que desmontam as crenças preconcebidas, em vez de esses líderes assimilarem, apenas justificam o porquê de agirem como agem. Aceitam ideias, desde que não contradigam as deles. Caso contrário, com o tempo, quem pensa diferente passa a ser rotulado de perturbador, e sofrer comunicações intimidadoras com o intuito de reduzi-lo novamente à caixinha, do contrário, é sabotado e expelido. No discurso, criam a ilusão de progresso e uma cultura de autenticidade; na prática, são conservadores presos a seus paradigmas.

Quando uma equipe medíocre se forma, concebe-se a reatividade grupal afirmada, o corporativismo defensivo, em que vários indivíduos inseguros se apoiam um no outro. Para tal, preferem se movimentar juntos, denotando uma força distorcida. É de suma importância que uma organização identifique indivíduos e grupos que assumem esse comportamento e haja com diligência para não permitir que essa espiral absorva a cultura organizacional. Os defensivos, sob ação corporativista, podem se tornar politicamente fortes e intimidadores; o jogo político passa a ser objeto focal superior às realizações e resultados. Avessos a assumir responsabilidades, instaura-se um determinismo à entidade organizacional, em que esta passa a ser conotada como uma força abstrata: "A empresa precisa fazer algo; ela é assim". Opa, pera lá, a entidade não é abstrata, é concreta, é a soma das ações de seus indivíduos; somos agentes ativos, não passivos, em tudo que convém, ou nem tanto. O chapéu nunca cabe a quem considera que o inferno pertence somente ao alheio; nada mais libertador do que perceber nossas próprias sombras, e como elas contribuem para que as coisas não funcionem bem, para que nós mesmos não sejamos os agentes das mudanças que queremos para o mundo.

A maioria das pessoas se considera com capacidade acima da média, superavaliando sua contribuição, e subavaliando a dos demais. Inclusive, quão mais incompetentes e pobres de repertório de conhecimento, mas confiantes tendem a ser os sujeitos. Esse paradoxo é uma armadilha estrutural das organizações. Ao se reduzir o reconhecimento do aporte dos outros, perdemos a oportunidade de sinergia com suas fortalezas. Interações possuem as dimensões dos respectivos objetivos e ações a serem realizados, mas também a interpessoal, que se desenvolve por meio do reconhecimento e da confiança, e a pessoal, que engloba os sentimentos, autoestima e autoimagem. A cisão de qualquer um desses aspectos ocasiona a sensação de ameaça, em que o processo de proatividade é bloqueado. Quando as três bases de sustentação desse vaso de cristal são preservadas, permite-se desnudar as problemáticas e se gerar soluções pelas mudanças de hábitos e paradigmas, dinâmica fundamental para ser competitivo e pertencente a um mundo e mercado em constante movimento.

A princípio, até houve uma ilusão de que a tecnologia poderia se reverter em maior bem-estar espiritual, que ela estivesse a serviço da tranquilidade e até mesmo do ócio. Sem embargo, aumentou o ritmo da vida, a ansiedade; na corrida incessante para ser produtivo e funcional, negligenciamos nossa rede de equilíbrio, gradualmente reduzindo nossa capacidade produtiva, como uma terra cultivada incessantemente, que erode, perde matéria orgânica, a vida, e com ela, sua fertilidade. A nós, funcionar é preciso, mas sem manter o equilíbrio, perdemos potência, e se inicia uma crise de identidade individual e coletiva, e nosso foco passa a ser menos do que preservá-la, mas sim resgatá-la de um escombro. Uma geração insegura, com medo de revolver os escombros e encontrar a essência. Como porcos-espinhos encurralados, torna-se agressiva. Estamos deixando de ser animais gregários; imersos na ignorância da arrogância, vive-se como um cacto dentro de uma bolha de sabão a qual se denominou privacidade. Privar-se do encontro original, de dar e receber ao universo.

Um grande enigma existencial consiste na presença de uma força oculta que forja que a sociedade se mantenha inconsciente e alienada, para assim ser manobrada pelos donos do poder. Seria nosso *déficit* educacional, crise para uns, projeto para outros?

Muitas nações subdesenvolvidas de origem colonial, nas quais se inclui o Brasil, estão buscando sua identidade e essência até os dias atuais. Sem educação e cultura, jamais a encontrarão. Fomos formados por poderes político-religiosos que sabotaram a construção de escolas e universidades, o acesso ao conhecimento, os livros. "Você não precisa ler, ir atrás de informação, nós contamos tudo". Assim surge a doutrinação alienante que nos impera, presente no estamento burocrático e dominante dos meios influenciadores da sociedade.

Formamos repetidores, não pensadores. Pensadores são fundamentais para qualquer organização se sustentar, de modo que os fenômenos globais de hegemonia mercantil que se revertem em controle cultural tampouco são oriundos de entidades abstratas, mas sim de ações de indivíduos e grupos emancipados. A independência e interdependência provenientes da educação e da cultura formam a fronteira entre escravidão e liberdade. A autoestima dos repetidores se atrela a um comportamento consistente e *performance* efetiva, ser politicamente correto, agir conforme a moral dominante, inconsciente, em estado de graça com o torpor das aparências, de fantasias e do materialismo que anestesiam o fim do indivíduo.

Repetidores formam as burocracias; pensadores identificados com o ego colocam sua inteligência a serviço exclusivo de suas próprias projeções; pensadores livres e conscientes estão a serviço da sustentabilidade e do universalismo. Quando as duas primeiras frações representam a maioria, as organizações caminham com uma bola de ferro atada ao pé, enquanto existe o consolo de que as concorrentes também são constituídas da mesma configuração de seres humanos, que expressam diversos sinais oriundos dos mesmos vícios. Burocratas se lançam em um barco que segue a corrente principal, o senso comum, os mesmos caminhos, apenas remam, sem saber bem qual o destino, pois concedem às autoridades serem os capitães do seu próprio barco. No fundo, seriam os repetidores os mais convenientes ao estamento burocrático? Sim, aparenta conveniência a ambos os lados. Aos burocráticos, eximem das responsabilidades. Bateram seis horas, amanhã terminam de pregar a outra metade do prego que faltou. Querem nada mais do que pagar suas contas, e se divertir quando em vez. As autoridades, algumas delas, podem até desejar a real liberdade do público, porém, em certa hora, a racionalidade anuncia: a educação emancipadora é uma árvore, cujos frutos amadurecem a longo prazo; talvez o público não coma, talvez, no dia da colheita, sequer lembrará do lavrador. Isso parece utopia, melhor estancá-la. Quando os anjos choram, é cada estrela que se apaga.

Estamos repetindo a história, com diferente escopo. O ímpeto imperialista segue intacto no homem, fazendo com que a globalização mercantilista se torne um grande cenário de negociações ganha-perde. Diferentemente da história, o neocolonialismo econômico assume meios mais sofisticados do que cortar cabeças, os mecanismos monetários. Sem gerar traumas aparentes, é uma revolução que não exibe seu sangue, porém concentra a riqueza global cada vez mais na mão de poucos e, em meio à avalanche faminta, a formação identitária de organizações e indivíduos vulneráveis se corrói. Ademais, as guerras do futuro serão por ideologias, confrontos de imaginários humanos. Guerras de crenças, de fantasias, de implosão coletiva da dolorosa busca por identificação e significado. Coabitantes de gaiolas prateadas projetando nas outras jaulas o mal que reside neles próprios por meio da intolerância, fruto de uma armadilha do ego que determina a crença de que se possuir a verdade, o caminho e a justiça provêm de uma construção doutrinária, de fora para dentro. Assim, legitima-se a agressividade e violência que possui uma fonte única, a ignorância. Os intentos dos conflitos futuros, que já se manifestam no presente, serão para que todos sejam iguais em crenças, pensamentos, estereótipos, valores e no que amam. Liberalidade e conservadorismo, dois meteoros que se expandem em rota de colisão. Das lideranças, queremos saber de projetos de gestão, de progresso e de bem-estar coletivo, em vez de pautas moralizadoras que são válvulas de escape à superficialidade do poder. Aos indivíduos, concedam-lhe sua essência consciente. Ao coletivo, a fraternidade e, além da dignidade, o direito de sonhar e os meios para realizar.

6.5. A IGNORÂNCIA DO PODER – O DIVINO DIREITO DOS REIS

Líderes fracos criam vácuos de autoridade; assim surge o poder paralelo. Ao não possuírem capacidade intelectual e atitude para perceber e tomar ações em face das falhas da equipe, acabam por limitar-se a somente defendê-la, sob a crença de que assim obtêm apoio e aceitação, formando um corpo reativo. Assim, estão mais preocupados em demonstrar fazer jus à posição do que perseguir uma missão. Ao manter a equipe camuflada a exposições, cria-se o caminho para manter as pessoas na zona de conforto e barrar o processo de independência e maturidade. São presas frágeis colocando seus ovos. Buscando evitar conflitos, acabam por se omitir diante dos mesmos, dissociando a equipe. Buscar defender a equipe a qualquer custo, incondicionalmente, com medo de perder o poder, é justamente a melhor forma de perdê-lo. A autoridade do líder e seu poder de tomada de decisão se esvaem. Sem rumo, instauram-se confrontos pelo controle paralelo e, com ele, a crise.

Existem os que se escondem atrás do cargo. Alocam-se em uma outra dimensão, distantes da real, de onde o essencial acontece, da equipe e de seu público. Quão mais distantes do essencial, mais crescem suas perspectivas distorcidas da realidade e, sendo assim, inseguros, a aversão aumenta. Perde-se o tato com a dinâmica real do mercado e do público, logo, a assertividade nas tomadas de decisão. Agora, as coisas já não são como antes, mas a mudança é dolorosa demais aos inseguros. Em que mundo estarão eles? Vamos por nós! Em que dimensão? A política, em sua face mais pejorativa, a da autoprojeção. O contato com o essencial faz perceber maior nível de complexidade e menor sensação de controle, o que abala o ego do líder. Resta-se, então, muito a delegar e pouco a servir. Distante

208 | ESPÍRITO ORGANIZACIONAL

da equipe e do seu público, o líder perde também sua essência e, com ela, sua admiração e autoridade.

Quando a insegurança combina com o caráter perverso, líderes burocráticos consciente ou inconscientemente se agradam, e até mesmo forjam confrontos nas camadas subordinadas, para que estas jamais assumam suficiente coesão para ameaçar seu poder e ideal. Enquanto os demais seguem brigando embaixo, não há sombras em seu reinado. Ao passo que os inferiores seguem em confronto, imperam os tabus e as sabotagens, a estagnação. Melhor assim, disse o rei, distante, dentro de seu forte de pedras. Líderes inseguros burocráticos deixam os resíduos de uma equipe descomprometida e desmotivada. Em vez da busca constante pelo mais e pelo melhor, a motivação resume-se ao contracheque e *"happy hour"*, a hora do alento, das reclamações, dos ruídos extravasados.

Muitas organizações costumam promover líderes baseadas somente em suas competências técnicas, de modo que esses custam a compreender que agora seus papéis e missões mudaram. O que antes era fazer, agora é empoderar os outros a fazer, com a consciência de que cada um possui seus mapas mentais, estilos e fatores motivacionais. Projetar os próprios mapas e estilos na equipe faz com que os indivíduos percam autenticidade. Se pedir a eles que cada um faça um bolo de cenoura, poderão sair diversos bolos deliciosos, por vezes surpreendentes, com diferentes receitas e técnicas. Com o tempo, as técnicas vão se aprimorando. Ao transitar da realização pessoal à coletiva, muitos líderes sem o devido preparo se deparam com o medo de delegar, de abdicar do controle, concedendo às pessoas tarefas, não responsabilidades e missões, temendo perder estatura e visibilidade. Empoderando outros à ação e exposição, receiam que, perante a plateia que lhes convém, não fique claro para cada um o valor que agrega. Como crianças, querem exibir suas capacidades, seus protagonismos. A energia, que deveria fluir do líder à equipe, agora assume movimento contrário, sugando e exaurindo os membros, e todo potencial humano se subestima. Com o tempo, nesse ambiente, restam não mais do que os ordinários.

Líderes, ante a exacerbada identificação com o ego, desenvolvem na equipe uma cultura na qual os indivíduos se dividem entre os superiores e os inferiores, promovendo uma verdadeira pista de julgamentos, logo, o desvio do foco de todos, a estarem a todo momento provando a si mesmos. Desse modo, as pessoas são nada mais do que servidoras das suas necessidades e do seu bel prazer; o autodesenvolvimento dos indivíduos da equipe fica, então, em último plano. A organização é apenas o cenário onde eles podem empenhar seu comprometimento consigo. Seus egos tornam-se cada vez mais expostos, gerando efeitos negativos na saúde organizacional, como a evasão de talentos, em detrimento de uma crise de significado que passa a se instaurar.

Conota-se que até os dias de hoje vivem os sofistas, encarnados em líderes. Seguros e confiantes, muitas vezes aqueles com baixo conhecimento possuem a capacidade de desenvolver uma retórica atraente, com aparente lógica e sentido incontestáveis, ainda mais com seus trejeitos e entonações intimidadores. Todavia se analisados com profundidade, os fundamentos são inconsistentes, e no fundo irão induzir ao equívoco, ou ao menos um caminho que não deveras seja o melhor. Por vezes, é apenas uma questão de crença e ponto de vista; por outras, há a intenção de enganar ou manipular. Líderes sofistas são difíceis de serem detidos, pois, além de possuírem poderes coercivos e legitimados, levam consigo uma porção de seguidores, que caem no seu "canto da sereia", e passam a doutriná-los, instaurando-se um novo sistema de verdades adulteradas.

Aos que ocultam vulnerabilidades para preservar sua imagem, jamais aceitam que existam coisas erradas em seus escopos e incumbências, e abnegam reclamações, sempre negando as responsabilidades diante dos problemas. Quando a essa mentalidade adiciona-se uma dose de arrogância, pessoas consideradas inferiores, geralmente referenciadas em posições hierárquicas, possuem seus sentimentos e necessidades, bem como ideias, ignoradas. Nada mais que subordinados, aos seus pés. Nesse ambiente, pessoas se sentem mal, em angústia; sequer agindo em motivação estática, resta apenas a dolorosa disciplina. Em contrapartida, esse líder sente-se bem, por cima, e suas principais vítimas da comunicação violenta são os mais talentosos, que representam a esse uma grande sombra e ameaça. Ao longo do tempo, mesmo os indivíduos talentosos que resistiram a todas as provações vão tendo sua energia vital sugada, e se enquadram na programação mental e cultural disposta pelo ambiente. Em vez de aprender, se desenvolver e desempenhar, reduzem suas ambições ao mero anseio por não serem julgados. Assim, águias viram pintinhos. Indivíduos com elevado potencial de autenticidade se abreviam a puxa-sacos, sequer com uma dose generosa de admiração, apenas o medo. Agradar ao chefe passa a valer mais do que os resultados, assim, pessoas se projetam por jogos políticos acima do que por méritos, deturpando o objeto focal essencial do trabalho, conduzindo ao declínio.

Esse perfil de liderança induz seus subordinados a focar apenas no comprometimento com a execução de tarefas, mantendo a equipe sob a proporção de suas asas, pois a justa emancipação dos membros vem a representar um inconveniente as suas ideias e autoridade, projetando nos indivíduos sua crença limitante de que esses estão perseguindo primordialmente o sucesso individual acima do comum, permeando um ambiente de competição interna e desconfiança que sucumbem o espírito de equipe. Quando se impera a confiança e a justiça em uma equipe, com clareza nas decisões e nas expectativas, essa passa a aceitar genuinamente medidas que podem não representar o melhor para si, em detrimento do benefício do grupo, da organização. Contrariamente, as pessoas se sentem injustiçadas, o que pode gerar sentimento de revolta e desejo íntimo de que no fundo as coisas não deem certo, esperando desse modo que algum dia surja a crise como precedente de revolução. Nessa hora, vale transcender o fato de que a própria filosofia forense não se baseia na instauração da justiça, mas sim na premissa de que manda quem pode e acata quem tem juízo.

Com predisposição meramente intrínseca ao reforço negativo da crítica e da desconfiança, líderes acabam por cortar as asas dos seus membros, muitos repletos de ousadia e desejos de progresso, tornando-os burocráticos, como uma estrela que se apaga. São cúmplices ocultos do insucesso de suas equipes, nas quais o desempenho se aloca no mesmo nível raso da expectativa subestimada determinada pelos líderes. Idealmente, ser líder representa primordialmente acreditar de maneira inabalável no elemento humano.

Geralmente, os gestores despreparados atribuem a baixa *performance* dos indivíduos à sua passividade e visão paroquial como detrimento de baixa automotivação, negligenciando seus papéis na motivação dinâmica extrínseca, que serve como o grande combustível para a manifestação da excelência dos indivíduos. Sem motivação dinâmica, sobressaem não necessariamente os melhores, mas sim os mais resilientes e disciplinados. Ao cumpliciar a baixa *performance* de seus membros, esses se tornam uma realidade. Sob essas estrelas decadentes, erguem-se ainda mais as críticas, policiamento e engessamento das regras, atuando o líder à sombra do indesejado perfil coercivo, condicionando ao apagão emocional e intelectual desses elementos, que, agora, param de vez de imprimir e servir o seu melhor. Em estado de constante tensionamento e sobrecarga emocional, as atividades corriqueiras passam a ser mais árduas, e abdica-se da fundamental atenção ao longo prazo, ao que é importante e não urgente, o planejamento, fundamental para a sustentação de uma organização.

As vítimas da liderança negativa não sofrem sozinhas. Necessitam aliviar seus tensionamentos e suas revoltas nos corredores, no cafezinho, extravasando suas críticas e recriminações aos primeiros ouvidos que se demonstram dispostos. A mente agora passa a ser um cavalo selvagem focado em ruminar as políticas internas em vez de se concentrar na sua missão. Com o apagar emocional e intelectual, esse sujeito se desencontra de sua própria essência até estar tão distraído que não consegue mais encontrá-la. Sem a referência de si mesmo, esse se torna a realidade. Torna-se igual. Se possui subordinados, reproduz o mesmo padrão de comportamento que tanto o gerou sofrimento: "Comigo foram implacáveis, assim serei aos demais". Eis o ciclo dos ovos da serpente. Quando uma organização está com esse círculo vicioso entremeado sistemicamente, geralmente a solução possível é a revolução, cortar a cabeça do rei e colocar outro que gere uma limpeza e renovação. Nesses casos, as mudanças profundas necessitam vir de cima.

Personalidades arrogantes, de superestimação, passam a associar os seus próprios padrões aos modelos do que é mais valioso e superior. Desse modo, encarnam esse paradigma na maneira como enxergam os outros, preconcebendo-os baseados em estereótipos e posições, ou seja,

ESPÍRITO ORGANIZACIONAL

se predispondo implicitamente a rejeitar qualquer paradigma além da sua gaveta fechada que provenha de "baixo", ou dos "diferentes". Praticam a completa sobreposição das aparências à essência, o preconceito em seu estado puro. Nesse meio-tempo, muitas preciosidades passam pelo caminho sem serem percebidas. Organizações com líderes presunçosos se expandirão na mesma medida superficial da gaveta dos seus paradigmas.

Contraditoriamente aos seus preconceitos intrínsecos, irão se aproximar de quem possa lhes servir ou gerar benefícios, agora independentemente de estereótipos, manifestando a falsidade. Tratam de maneira diferente as pessoas, baseados em conveniência, do que podem receber em troca. Com a frieza do manipulador, seduzem e agradam aos que potencialmente podem lhe projetar, pois a autoconfiança de quem se superestima pode ser a pseudossegurança de que muitos necessitam. Acabam por comprar suas soluções mágicas, com a crença de que ali não haverá problemas. Todos iludidos, vivendo em uma dimensão fantasiosa, onde a culpa é das estrelas e o melhor ainda está por vir. Segue-se a espera, sem esperançar. A embriaguez inibe a consciência. Isso convém, pois, afinal, a quem não seduz um toque de fuga da realidade.

Aos líderes do topo da pirâmide, uma zona de conforto, uma problemática. Quem lhes dará o *feedback*? Aos subordinados, um limite intimidador de até onde se pode chegar no processo de comunicação. Assim, os líderes criam a falsa impressão de que seus paradigmas e ações estão sempre afirmados. Irão resistir, reagir, quando lhes apresentam seus equívocos e desvios. Isso não será possível. Uma mente sozinha, ditando a realidade. Acabou o aprendizado; se puderem, se tornam professores de Deus. Tudo que fazem é perfeito. Nessa hora, quem dará *feedback* ao supremo, ao presidente? Acima, somente o vácuo. Abaixo, tampouco, pois muitas vezes resta se submeter sem consentir. Sentimento amordaçado. Vamos até o limite do alambrado; a partir dali, é terreno perigoso.

Muitos gestores advogam para o trabalho em equipe. Para isso, os indivíduos têm de agir ante a essência, agir para o empoderamento e fortalecimento do outro, genuinamente. Respeito, solidariedade, cooperação e complementariedade são valores inabaláveis a serem incorporados para se viver nessa harmonia, onde cada indivíduo serve o máximo de si, em plena qualidade de vida e alta dose de motivação dinâmica. De quebra, ainda há outra mágica, a soma dos máximos extrapola a soma das partes. É o vigor da hibridização, da sinergia. Equipes legítimas começam por um ótimo espelho, o seu líder, que, para tal, deve ser dotado de um forte estilo afiliativo e, com ele, construir fortalezas emocionais no grupo. No espelho, um líder servidor, humilde que, com a potência de agir da alegria, edifica uma unicidade que está constantemente rompendo limites, e passa, por sua vez, a ser um exemplo positivo que contagia toda a organização. Certa hora, os egocêntricos e arrogantes passam a ser discrepantes. Ao entrar, que deixem seus vícios na porta.

Ao final, um dos principais requisitos de quem exerce a verdadeira liderança é transcender o ego, se desapegando da busca pelo constante reforço de que tudo o que faz é perfeito e infalível, e passa a, por meio da consciência, reconhecer seus preconceitos e desvios, suas sombras, e como seus próprios pensamentos e atitudes contribuem para que as coisas não funcionem bem, ou do melhor modo. Todos somos muito pequenos perante a dimensão do universo. Reconhecer nossas próprias sombras é o maior passo que podemos dar para torná-las cada vez menores e as combater. Para isso, o verdadeiro líder que pretende realizar algo profundo, uma obra, abole o distúrbio destrutivo da arrogância e implementa o valor da humildade. Assim, nos tornamos pessoas melhores a cada dia, aptas a servir ao público de maneira genuína.

6.6. AFINAL, POR QUE CAEM GRANDES IMPÉRIOS?

Engraçado, ao que se parece, todos querem a transição para um mundo melhor, mas muito poucos realmente agem nessa direção. Esperamos sem esperançar, assim, a realidade que almejamos nunca chega. É sempre uma promessa, ilusão de um estado ou condição futura, que, em última análise, nos desvia do poder do presente. Expectando sem agir, tampouco há futuro.

Grandes casos de sucesso sucumbem sistematicamente. Fracassam ao triunfar, por culpa, por regredir, pela ilusão da permanência. Muitos, ao triunfar, olham ao seu redor, se dão por si, e sentem culpa. Uma voz interior questiona se realmente merecem tudo aquilo, então, inconscientemente, passam a se autossabotar. Outros se tornam presunçosos e entram na zona de conforto. Desviam-se, desconstruindo todas as virtudes que os levaram até ali. Há também os que, ao atingirem o cume, a maturidade, creem que o mundo agora permanecerá estático, à sua conveniência, para que se possa deitar em berço esplêndido.

Quando há bonança, e os propósitos de crescimento já foram atingidos, os agentes políticos da organização passam a desviar suas expectativas. Agora, querem ser servidos muito mais do que servir; já que os interesses coletivos foram contemplados, agora, passam a buscar os interesses pessoais. Nessa hora, o que era missão se transforma em política, e o que era política se transforma em politicagem. O chão que era firme agora é uma camada de ovos. Precisamos andar na ponta dos pés. Instaura-se o politicamente correto, e tudo fica mais burocrático, mais formal. Grandes talentos passam a perceber um odor estranho no ar.

216 | ESPÍRITO ORGANIZACIONAL

A política, em seu estado puro, possui uma conotação positiva, fundamental. Por meio dela, as lideranças devem atender às necessidades e interesses mútuos, bem como equilibrar os não mútuos, de maneira que os diferentes possam conviver em harmonia no caminho da coesão e da universalização. Quando o termo passa a se tornar pejorativo, denota-se a politicagem, e o jogo político acaba por repelir os que estão pela missão. Restam os impetuosos. A busca pelo interesse pessoal egoico acima do bem comum acarreta conflitos, uma vez que harmonizar egos é uma tarefa improvável, pois, no fundo, uns querem sobrepor-se aos outros na busca por poder e recursos. Finda-se a cooperação que por uma vez se fez fortaleza, e instaura-se a endocompetição, que inicia oculta, e gradualmente passa e se torna explícita. Os agentes da organização passam agora a competir entre si, em vez de com os concorrentes. Como uma armadilha, esse processo não se limita a ocorrer somente na bonança; se manifesta também na crise, ainda mais agudo, pois, agora, a luta é pela sobrevivência. Líderes e indivíduos necessitam isentar-se das responsabilidades, transferindo-as em forma de culpa, como uma bola de fogo que queima em suas mãos. Conflitos, para preservar suas cabeças, agora mais do que nunca sob a regência do lado animal e inconsciente do homem, como um ecossistema em degradação. Na bonança ou no declínio, conflitos de interesse e a natureza humana: o medo de perder é maior do que a vontade de ganhar. Em uma organização, ou se triunfa coletivamente, ou se sucumbe individualmente.

Quando o medo de sucumbir à decadência se faz dominante, necessita-se acumular energia para sobreviver ao que der e vier. Energia financeira, em cada ocasião possível. Doravante, a missão se transforma em corrupção.

As organizações devem possuir espírito corporativista, quando se compõem de um grupo de pessoas com espírito de corpo, unicidade, que atuam no sentido de uma funcionalidade a fim de um propósito comum. De fato, um corpo consiste em um sistema, cujos elementos são o departamento, e os subelementos são seus indivíduos. Quando os elementos, logo, subelementos, não possuem a visão sistêmica, acabam por se considerar o próprio sistema, com visão míope, que atinge não além de suas finalidades próprias. Portam-se como ilhas que, na realidade, estão em um continente. Dessa forma, a organização assume o reducionismo departamental, em que cada elemento atua para se autofortalecer politicamente acima do propósito global, como feudos independentes, enquanto deveras todos os departamentos são interdependentes. Nesse *modus operandi*, obviamente, o propósito comum se reduz à reatividade política dos departamentos em vez do direcionamento sincronizado de todos às necessidades e desejos do mercado; as atividades interdepartamentais são realizadas com má vontade, sem empatia. São pontes que ligam as ilhas, em vez da sobreposição saudável de todos os componentes, que permite a todos compreender de maneira mais ampla o negócio em que atuam, e transitar do burocrático ao criativo construtivo amplo. Dessa maneira, o resultado é não mais do que a soma das partes de que cada corpo faz por si.

Enquanto processo sucessório dinasta, demos crédito ao enunciado popular de que uma geração constrói, uma usufrui e a outra destrói. Quando cai ao colo uma estrutura madura, muitas vezes os sucessores se encontram carentes da experiência da construção do crescimento gerada pelo penar dos erros e aprendizados. Recebem organizações maduras sem estarem maduros, sem experienciar as dificuldades, portanto, minguando do preparo para lidar com elas. Ademais, se acostumaram com padrões elevados no autosservir de uma vida centrada em um hedonismo irresponsável e inflexível. Distantes da essência, quando se faz necessário preparar e comer arroz com feijão, inanem, e levam os demais junto. Ao que recebeu sem esforço, atribuem subestimado valor, logo, cuidados, levando os demais membros a agir da mesma forma. As pessoas, ao adentrar um ambiente descuidado e sujo, se condicionam a relaxar, e hesitam menos em sujá-lo ainda mais. A recíproca é verdadeira. Quando se perde o respeito e admiração pelas referências, inicia-se o movimento de desorganização. Na geração conseguinte, a realidade parte de uma referência desvirtuada, e a essência se faz impalpável. Com os mesmos vícios, diante da desorganização, esquiva-se; como um barco sem rumo, gera-se o caos. Com ares de príncipe, a vida é uma mera fantasia hedonista, sustentada por uma fonte que vai secando, pois a nascente se definhara.

Diante do sucesso, cautela, a permanência é uma grande ilusão. A realidade não é algo estático, muito embora, nessa condição, assim a desejamos. Em face dessa ilusão, quando se estaciona, ela surge como uma avalanche, que soterra os mais distraídos. Nunca devemos subestimar o mercado. Os clientes não são seus, estão seus e, em torno deles, muitos predadores desenvolvendo vantagem competitiva dinâmica, e a única maneira de defender-se consiste em manter-se no movimento de ataque, de maneira mais eficaz, pois o próprio triunfo brindou os recursos para retroalimentá-lo. A avalanche é um fenômeno natural; na batalha dos mercados, quem fica parado uma hora será alvejado. O êxito faz sentir-nos fortes; com esse sentimento, nos ludibriamos na confiança de que nada de mau acontecerá, pois, pela arrogância, subestimamos os adversários. Mesmo que, por aleatoriedade, os predadores não ataquem nossos clientes, o tempo passa, o mercado evolui, o cenário do amanhã já é diferente do de ontem. Quem estaciona ou desacelera em relação à dinâmica do mercado se torna antiquado, como uma dama que já foi a mais atraente um dia, mas agora ninguém mais tira para dançar no baile, pois na pista existem disponíveis outras moças mais tenras. Os clientes não são seus, estão seus, e não hesitam em migrar para ofertas de valores mais atraentes.

A tradição enquanto valor possui seus encantos e fortalezas, mas também suas armadilhas. Em sua origem, provém do latim "*tradere*", que significa "entregar". Uma entrega transgeracional de valores, que se refletem na continuidade de paradigmas e hábitos. Valores, por sua vez, se interligam profundamente com a constituição identitária dos indivíduos e grupos, que carregam consigo um orgulho onde deveras culturas e tradições abrem novos horizontes de significados e contemplações que nos abrangem além do convencional; são riquezas que valem ser garimpadas na humanidade, e, mais do que isso, associam o significado de muitas existências entre si e com o universo. Nada melhor do que experienciar o adorável contato com o exótico para expandir paradigmas; perceber e sentir novas visões de mundo nos aproxima cada vez mais da consciência universal e sua fascinante amplitude. Não há motivos para temer sua complexidade; paradoxalmente, o que a excentricidade nos faz perceber ao final de tudo limpa e simplifica a vida.

Todavia a tradição possui seu lado temerário, uma vez que pode representar uma armadilha do ego. Quando grupos creem que seus valores valem mais do que os dos outros, se sentem superiores, logo, se tornam resistentes ao diferente, ao novo, tornando-se conservadores, o que em um mundo globalizado pode representar o atraso e o isolamento enquanto origens de uma degradação social, que precedera a cultural, essencialmente, por mero medo da mudança. Nessa condição, indivíduos se encontram no limbo entre a decadência e ceder à identificação ordinária, do eu, do consumo, da dissociação. Tradição não significa fechar as portas ao progresso, mas sim a oportunidade de se agregar os benefícios do novo a uma dose determinante e especial de autenticidade, ou seja, a diferenciação, e convidar todos para apreciar e se conectar, pelo menos, por alguns instantes, ao seu mundo. O valor de quem cultiva tradição pode ser um mago servidor a quem, na vida, cultiva o valor de explorar o mundo e suas experiências. Tradição pode ser um diferencial quando hibridizada com o progresso; ou um abismo quando a ilusão da permanência se traduz em desintegração e atraso. Podem ser as raízes que absorvem finamente aquilo que nos alimenta; ou as âncoras que nos limitam a expandir, tornando o futuro igual ao passado, enquanto as águas mudam de forma a cada instante, até que o mar engula.

Falando em raízes, a base do resultado de uma organização são seus processos; o núcleo, as pessoas. Indivíduos muito talentosos podem até gerar resultados sem se haver uma boa base de processos, porém a recíproca não é verdadeira. Portanto processos são as ferramentas, a facilitação dos meios, mas não os fins. O fim é entregar valor ao público, e este ser reconhecido como tal. O fim quem faz são pessoas. Gerir processos é fundamental, porém, é como construir um alicerce; liderar pessoas é potencialmente efetivar a mágica, pois não há limites. Todavia lidar com pessoas é uma atribuição aparentemente muito mais intrincada. Por esse motivo, por falta de aptidão ou disposição, muitos líderes acabam se escondendo no foco em processos, reduzindo o senso de propósito da equipe, e tornando a vida no trabalho monótona e mecânica. O tema de liderança de pessoas é vasto e abrangente, porém o seu núcleo essencial se faz simples: há de haver uma atração para interagir com as pessoas. Líderes devem dialogar constantemente com suas equipes além da superficialidade do pragmatismo. Omitir-se da existência de paradigmas contraditórios não fará com que deixem de existir; apenas se encontram em estado reprimido. Quando

ESPÍRITO ORGANIZACIONAL

os encara de frente com interesse legítimo, cria-se um cenário de maior satisfação, logo, motivação, pois, essencialmente, os grandes poderes que separam as relações humanas entre o amor e a guerra consistem na diligência e atenção em que servimos e recebemos.

Ao longo do processo de crescimento, desenvolvemos ilusões, como um mecanismo de distorcer nossa percepção da realidade, trazendo-a de maneira artificial ao encontro da nossa conveniência, de maneira a produzir uma doce sensação de conforto; ironicamente, podemos até nos iludir de que o inventor da mentira poderia estar bem-intencionado. À medida que experienciamos e maturamos, ilusões se quebram, e nos deparamos com frustrações relacionadas a nós mesmos e aos outros. O desapego às ilusões e fantasias, embora doloroso, pode representar uma grande evolução da consciência, na qual o discernimento baseado na realidade nos possibilita o avanço do auto e heteroconhecimento, fortalecendo a qualidade de nossa intervenção em nós mesmos e nas coisas, desde que as aceitemos e signifiquemos de maneira positiva. Deve-se tomar muito cuidado para que esse descolamento não assuma a rota inversa, da regressão, na qual o significado da perda ou desapego ancora os indivíduos em uma zona de trauma, onde passam a projetar no universo suas amarguras. Tornando-se rígidos e ariscos, bloqueiam as forças de atração genuinamente positivas que nos circundam a todo momento, e alimentam a energia vital. Tanto o pessimismo quanto o otimismo possuem seus precedentes; são uma escolha. O certo é que os avanços mais belos que a humanidade já testemunhou provieram de quem tornou consciente a ilusão, refinando o que foi puro, e o tornando possível. Um dos nossos mais belos dons é sonhar, e a mais poderosa sabedoria é conceber que as dores das frustrações, bem como o tempo, possuem papel essencial no processo de nos tornar o que queremos ser com completude e verdade.

7
MUTAÇÃO: DEPOIS DA TEMPESTADE, O CIO DA TERRA

7.1. NAS PROFUNDEZAS DO OCEANO DA EXISTÊNCIA

Tão fascinantes somos nós humanos. Quando não há problemas, os criamos, inventamos. Como zumbis embriagados, as gerações perambulam resignadas ao condicionamento do mal-estar da cultura. Para não se tornar invisível, produza, consuma, apareça; aversão ao ócio, pois, com ele, resta se obrigar a olhar para dentro, e perceber o vazio de uma essência abandonada, do culto à casca, à superfície, de uma existência centrada em corresponder ao espelho social, baseado em julgamentos; do quanto abdicamos do que somos para ser o que o mundo, os outros, esperam de nós, mais um tijolo estrutural da parede do sistema. Para se existir dentro dos limites do enquadramento cultural, é melhor não pensar, e recorrer constantemente ao feliz torpor da alienação, do irreal, do virtual, como um indigente com sua cola de sapateiro, que cala a fome da alma, mas não nutre. Em uma mente hiperpensante, batalhando contra a culpa e a angústia, a contemplação se encontra na abstração da realidade, na distração; quando a mente se cala, em lampejos de paz e prazer, pois a dimensão real da fatigante busca pela aparência e da forma nos leva à contramão da contemplação original, a essência. Com ela, fluímos a todo instante.

Transcender significa ir além dos limites condicionados pela cultura, e passar a observá-la em perspectiva, buscando uma inserção mais profunda no universo. Essa busca pode ser motivada pela necessidade, quando se objetiva interromper um processo de dor; ou pelo desejo, quando, por meio da consciência, se procura expandir a experiência da existência para além do mecanicismo aparente. Muitas pessoas triunfam no palco do teatro social da vida, por meio de certo nível de heteroconhecimento, aparentando uma completude, alimentando sua identificação com o ego e

ESPÍRITO ORGANIZACIONAL

com a forma. Porém carecem profundamente de autoconhecimento para serem essência, serem caráter; fogem de si mesmas, mantendo oculto o vazio. Não param. A personalidade ativa gera admiração, mas, no fundo, quer manter os olhos distraídos para fora, pois, ao se voltar para dentro, algo de perturbador virá à tona.

Ciclos são uma lei da vida; saber abri-los, vivê-los e encerrá-los é uma arte que promove a evolução ou a revolução. Quando tentamos resistir a essa lei, e distorcemos esse movimento natural de ondas e passamos a buscar a linearidade, sob a fantasia de uma pseudoestabilidade, se acaba empurrando a vida com a barriga. Percebendo a natureza como implacável, o *homo bios*, com seu instinto de segurança, com medo do novo, o qual denomina-se desconhecido, cria suas próprias prisões. Identificado com o passado, e com receio do futuro, melhor manter-se na perigosa zona de conforto, na zona linear, crescer e padecer com os mesmos padrões, como uma melodia de uma nota só. Identificação com o passado e futuro é ilusão; deveras não existem, a não ser para nos levar à melancolia ou ansiedade, que adormecem nosso potencial estado de epifania que se encontra na plena atenção e identificação com o presente, o que de fato é real, em última análise, com a própria vida. A lei dos ciclos nos mantém abertos à energia vital; renova, e oportuniza experienciar a vida como um espetáculo magnífico, nos impulsionando os grandes saltos da expansão contínua do espírito e da mente.

Charles Darwin já dissera: "O mundo não é dos mais fortes, mas sim dos mais adaptáveis". A mutação está presente como o grande processo adaptativo evolutivo na natureza, explícita no âmbito biológico. É a constante ruptura de uma condição de tensionamento e ameaça. Seres dotados com essa capacidade prosperam e prevalecem no ambiente competitivo. Sem ela, pragas estariam facilmente erradicadas, porém, os indivíduos que desenvolvem mecanismos de resistência aos seus métodos de controle, extermínio, se proliferam rompendo a eficácia dos artifícios que lhes são tóxicos para se manter em permanente ascensão, obrigando seus inimigos a coevoluírem e desenvolverem novas armas para minimizar seus danos.

Podemos conceber esse mesmo princípio ao dote de inteligência dos seres humanos, que nos permite ser livres para escolher por meio da consciência, ao contrário dos animais, condicionados ao instinto. O processo de mutação de mentalidade é a grande potencial fortaleza evolutiva humana, não somente para obstar danos, mas também para exercer uma influência positiva no meio; a nós foi oportunizado transcender os instintos para desenvolver o mundo como idealmente queremos. Contudo, a humanidade, ao negligenciar o desenvolvimento da própria consciência, ainda segue regendo a sociedade com a prevalência dos instintos primitivos de defesa, agressividade e dominação; outrossim, dotados do ego e ciência de nossa finitude, assumimos um papel extrativista com o meio, denunciando novamente uma subinteligência, uma vez que comprometemos o bem-estar da própria espécie a níveis presente e futuro. Pela dor, esperançamos uma inflexão positiva do movimento de crise, de maneira que, finalmente, por meio do despertar da nossa inteligência latente, estejamos diante de um novo ciclo de harmonia. Transformação sucede a crise, ou é uma capacidade capital de quem tenciona se manter em sustentabilidade.

Outra diferença entre nós e animais e microrganismos baseia-se em que a mutação nos seres não mais que sencientes objetiva basicamente a sobrevivência e a perpetuação; esta sim é a motivação elementar da mudança humana, contudo, o dom da consciência nos permite brindar a amplitude da experiência existencial para muito além das necessidades básicas de sobrevivência, indo ao encontro do prazer e bem-estar, e, mais além, a uma parcela de contribuição para um universo melhor, um legado. A perpetuação agora é de ideias e valores, de uma pequena obra, com intento de influenciar positivamente o meio. No aspecto biológico, mutação é mecanismo para sobreviver; na dimensão humana existencial é meio para viver, pois, afinal, as rupturas positivas na própria consciência projetam gerar suficiente sabedoria para aumentar nosso bem-estar. Ainda, a maioria das mudanças mais profundas de paradigmas nas pessoas ocorre em detrimento de algum episódio traumático, como, por exemplo, um problema de saúde grave superado que modica a forma do sujeito perceber e valorar a vida, impulsionando significativas melhorias de hábitos alimentares, exercícios físicos e busca espiritual para inibir o tensionamento emocional.

Enquanto fase cíclica, a mutação se aloca na mesma dimensão da criatividade. A diferença é que criação conota a origem de um novo sistema, seja uma existência ou uma organização; a mutação corresponde à fase transitória de um sistema vigente, podendo ser também definida como reinventar-se, recriar-se, transformar-se; também como reciclagem, no caso de complexos que faleceram ou faliram. Sim, até mesmo nós nos reciclamos, nos tornamos cátions e ânions que retornam ao sistema para fertilizar a mãe terra.

O constante estado de mutação dos sistemas condiciona a própria lei universal de que nada é tão permanente quanto a mudança, portanto, tal capacidade adaptativa se relaciona diretamente com a sobrevivência e o destino das organizações. A constante busca por evolução e revolução inerentes ao ecossistema competitivo, no caso de organizações em estágio de maturidade, irão determinar seu avanço à posição de sustentabilidade, na qual evoluem ao menos no ritmo do mercado, ou melhor, promovem ou se adaptam aos movimentos de ruptura, uma vez que a inovação não necessariamente está atrelada ao ineditismo ou pioneirismo, ou seja, a criar algo que não existe, mas sim ter a capacidade de tornar melhor o que já há. *Exempli gratia*, o Google não foi a primeira empresa de busca pela *internet*; a Uber deveras foi a pioneira em sua modalidade de serviços, mas a pujança de seu sucesso se determina pela capacidade de se adaptar a diversos tipos de usuários e suas respectivas necessidades e desejos. Todavia a capacidade de mutação se faz marcante para gerar uma nova inflexão de harmonia e crescimento após um período de crise ou declínio, fazendo subir o que caiu. Nesse ponto, a transformação se atrela à revolução, no seu sentido puro de revolver, movimentar o que está embaixo para cima. Existe uma potencial força propulsora desse empoderamento exclusiva de quem se encontra posicionado na zona de crise: o aprendizado gerado em uma dimensão muito mais profunda. A crise gera tensionamento que, por sua vez, gera a dor, que nos condiciona a acessar pontos muito mais profundos e transcendentes da consciência individual para superá-la, bem como a coletiva, uma vez que, nessa hora, surgem as grandes afiliações e uniões, lançando-se mão de um dos maiores poderes, via de regra latentes na humanidade, a cooperação. De fato, com o tempo, esse precioso movimento de abertura de acessos a zonas mais profundas e ramificadas da consciência é transformador. Quebra paradigmas e permite um novo impulsionamento de criatividade e desenvolvimento, introdução, crescimento e maturidade, atingida agora em um nível muito mais elevado. Conflitos são uma grande fonte de tensionamento e, ao mesmo tempo, um grande potencial propulsor de inovação e mudança, se forem significados como funcionais. Por isso, devemos estar constantemente aptos a escutar as vozes discordantes, sejam internas ou externas, pois, muitas vezes, elas são a dádiva de nos permitir enxergar o que não alcançamos.

Além das organizações, esse movimento potencialmente ocorre sob mesmo princípio em indivíduos, quando se revolve o caráter e a essência para esses se sobreporem à personalidade e à aparência, ou melhor, esses deixam de ser duas faces contraditórias e passam a fundir-se harmonicamente em uma coisa só, caracterizando um indivíduo íntegro e autêntico, deveras apto à legítima contemplação individual e coletiva. Resiliência é a capacidade de um sistema retornar à forma original após sofrer tensionamento; mutação é a capacidade de converter o tensionamento em uma propulsão ascendente que rompe e supera nossas próprias barreiras e limites.

A transformação é um processo; processos possuem seus tempos necessários, muitas vezes diferentes do tempo que desejamos. Esse descompasso, ainda mais acentuado quando o desejo se torna obsessão, converte-se em fonte de ansiedade, a qual devemos, sob consciência, controlar para que não se promova uma desorganização, desalinhando o direcionamento das ações para se contemplar os objetivos. Deve-se utilizar o tempo a favor, não contra a ordem. Imprimir excesso de velocidade gera cisões que, muitas vezes, as sobrepomos com remendos, como se colher uma fruta que ainda não está madura. O próprio processo já é por si o elemento de maturação da proatividade, pois nos obriga a resignar-nos aos fatores que não controlamos, mais especificamente o tempo de maturação, que muitas vezes não pertence a nossa vontade, um aparente ideal. Um dos grandes sinais de sabedoria e maturidade é a compreensão de que o tempo do universo não irá ao encontro do tempo do seu desejo, portanto, a ansiedade não possui precedentes para propulsionar qualquer desorganização. Nesses casos, a direção e a intensidade dos movimentos, que de fato estão no círculo de influência, assumem mais valia do que a expectativa prematura do tempo, a velocidade, que muitas vezes transcende nosso bel prazer para que possamos, com isso, elevar nosso nível de maturidade. No universo, tudo possui seu tempo hábil; se percorremos na direção correta e íntegra com nós mesmos e os demais, inclusive, nele podemos confiar. Ajude-o a ajudar você.

Quando caráter e personalidade estão unificados, e a essência sobrepõe às aparências, eis o ser íntegro, inteiro, autêntico. Contemplam as crises sob perspectiva, transformando frustrações e sofrimento em aprendizado que precede a evolução ou a revolução, acessando camadas profundas da consciência, como raízes em terras áridas, que se expandem com robustez em busca de água pura; quando essas águas se fizerem abundantes, essa raiz sustentará um crescimento sem precedentes. Do contrário, uma constante busca pela contemplação falsamente atrelada às sensações, aos dogmas e doutrinas, e até mesmo a uma crença fantasiosa na nossa própria perfeição ética, levarão, ao fim da rota, à percepção de que a angústia ainda está presente em todos esses escapes. Com eles, o que você quer compensar? Em vez de alocarmos essas três dimensões em perspectiva, ao vivermos imersos e centrados nelas, míopes, projeta-se uma busca ilusória de ali identificar a si mesmo, onde deveras, a imersão alienada nesses valores reduz e afoga a liberdade do ser, e nos vemos em guerras sem nenhum sentido. A essência genuína é uma completude dinâmica de dentro para fora; quando doamos frequência de alta qualidade ao menos na mesma magnitude de que dispomos.

Na sociedade capitalista contemporânea, o mercado possui elevado poder de condicionar os indivíduos que, por sua vez, condicionam os mercados; são uns com os olhos vigilantes no outro. Tanto o mercado quanto os indivíduos e grupos estão constantemente se revolvendo e ocasionando rupturas. Mudanças alteram valores, logo, necessidades e principalmente desejos; a longo prazo, culturas e conceitos. O *marketing* que te conhece mais do que conheces a ti mesmo antevê a direção da corrente e sabe a hora certa de agir; o público absorve por fluxo em massa. Por exemplo, chama atenção de como surgiu na idade média de maneira determinante a associação da vestimenta com a percepção de *status* social. A nobreza passou a adotar trajes totalmente disfuncionais, desconfortáveis, como sapatos com saltos e excesso de rendas, para logo serem identificados como aqueles que não realizam trabalho braçal. Até hoje essa mesma simbologia representada pelos ternos escuros, gravatas, saltos, rendas e joias estereotipam os aristocratas contemporâneos que aparentam autoridade e poder pelo intelecto e, por meio de tal representação, esperam respeito e distinção. O mesmo princípio, o mesmo conceito, sob nova roupagem, e uma massa de seguidores buscando aderir à corrente, sem bem conhecer seu sentido e procedência.

A crise nos faz amadurecer. Diante da escassez de recursos, as organizações se obrigam a rever sua estrutura, seus processos, e eliminar o desnecessário, os brotos sugadores que, em épocas de abundância, passam desapercebidos. A necessidade de busca por eficácia quebra diversos paradigmas, e o aumento no nível de pressão se relaciona positivamente com a produtividade e superação dos indivíduos. Nessa direção, a constatação histórica da proeza de quem faz menos com mais, como o processo de formação do Brasil, onde a abundância de recursos naturais se faz antagônica ao desenvolvimento e à modernização, uma vez que a economia contenta-se em se fundamentar em matérias-primas brutas oriundas da natureza, baseadas em escala e com seu menor nível e agregação de valor, em uma balança comercial que se concentra na mão de poucos que detêm os meios produtivos. O emaranhado do atraso e de uma cultura retrógrada, aos interesses das dinastias e oligarquias, passa a se tornar uma questão absolutamente estrutural, dimensão na qual, assim como em nossa personalidade, é extremamente inflexível a mudanças profundas; para ocorrerem, toda edificação necessita ser desconstruída e novamente construída, processo que caracteriza as grandes revoluções. Estruturas conservadoras procuram manter distante da população o acesso aos conteúdos revolucionários e disruptivos, como forma de manutenção do *status quo* e proliferação de poder; a alienação é um dos pilares da estrutura para manter constantes as leis do extrato cultural que determina as inter-relações. Pois bem que grandes mudanças estruturais podem ser obtidas por meio da revolução que, por sua vez, possui seu preço: a dor, o sangue, e um resquício de trauma que tem seu período de carência na veia dos povos. De outro modo, podem ser oriundas de mudanças culturais difusivas, que são processos de longuíssimo prazo, pela consciência e coesão coletiva, até então inibidos com muito sucesso pelos donos do poder.

O estabelecimento de padrões, sim, se faz fundamental para a obtenção de um ponto ótimo de qualidade e eficácia, todavia esses devem ser revisados periodicamente para se checar se ainda fazem sentido. Do contrário, o apego se torna engessamento.

Quando as lideranças narcisistas buscam excessivo controle ante as equipes, denuncia-se uma sintomática de carência de confiança. A excelência e sustentabilidade andam no sentido inverso, onde se busca a constituição de uma equipe autônoma e responsável de modo a se tornarem autogerenciáveis em seu ponto ótimo de comprometimento e motivação cinética. O ponto ótimo da ação humana, denominado estado de *"flow"*, se encontra quando o nível de desafio se alinha ao nível do desejo e das virtudes e competências do indivíduo. Quão mais desenvolvidas as competências, maior o nível de desafio para se convergir o pleno estado de *"flow"*. Quando as virtudes se encontram acima do nível de desafio, ocorre uma reação de relaxamento; se os desafios são mais elevados do que as competências, se instaura o estado de ansiedade maléfica. O estado da arte da evolução da ação humana ocorre quando o sujeito em estado de *"flow"* se compromete a ajudar e impulsionar os demais a elevar seus níveis de habilidade e competências. No estágio em que a missão transcende o reducionismo egoico, transitamos da excelência à maestria, e temos a base para a formação de equipes extraordinárias que superam e elevam desafios constantemente.

O *flow* nos brinda com uma elevada dose de fascínio. Por aqueles instantes, o fluxo hiperpensante dissipador se cala; há plena atenção, presença, logo, foco e energia. Quem já praticou *snorkel* ou mergulho sabe do que se trata. Naquele momento, não há nada além da apreciação e do profundo contato com a atividade. Sensação de pureza e imersão, abrindo caminhos às profundezas e suas expansivas descobertas.

Em um extrato cultural conservador, grande parte dos indivíduos desenvolve um nível de aversão à mudança, por fim reforçando e apoiando a manutenção do *status quo*, pois a mudança pode representar uma liberdade para os quais no fundo não estão preparados; ademais, o processo de adaptação demanda uma reconstrução de paradigmas que vão obrigar o indivíduo a revolver a si mesmo e readaptar-se por meio do aprendizado, processo que pode a princípio ser confuso e perturbador, gerando a sensação de perda de controle; para toda reorganização, o primeiro passo é desmontar a organização corrente, porém, com o passar do tempo, uma nova configuração toma forma e tudo passa a ser gratificante e fazer sentido. Grandes líderes levantam as bandeiras das mudanças necessárias e desejadas, e possuem a sabedoria de utilizar o tempo do processo como aliado.

Grandes transformações são construídas internamente, para então serem levadas ao mundo externo. Quando forçadas, em dissonância com as aspirações explícitas e latentes dos indivíduos, são geradas feridas e traumas. Seres como Zaratustra, Lao-Tsé, Chuang-Tsu, Jesus e Buda, entre os 28 e 35 anos de idade, se dirigiram para um longo período de solitude isolados nas montanhas, e lá encontraram progressivamente os planos mais elevados da consciência, da vida. Buscaram no silêncio, sem interferências, seu pleno alinhamento e organização interna, o estado de iluminação, irradiando paz e harmonia. Descobriram que dentro de nós mesmos existe uma potencial experiência orgástica exuberante, a qual o filósofo William James denominou de "orgasmo oceânico", onde o sujeito se conecta completamente com o oceano da existência. Eles nos ensinam que, para realizar uma grande obra, primeiro devemos transformar a nós mesmos; e, na aparente escassez do longo isolamento nas montanhas, foram ao encontro do recurso mais valioso da transformação, o empoderamento interior. Exímios líderes são mestres em empoderar suas equipes.

Ao se encontrar com a vida, nos conectamos com a sua lei mais bela, o bom humor. A natureza nos sorri incessantemente; flores e árvores dançam ao sabor do vento. A alegria potencializa tudo de melhor em que há nos seres, sua criatividade e produtividade; e, além de tudo, contagia todos os demais na mesma direção. A alegria genuína é pura, livre de ressentimentos; somos completos, livres, sem necessitar nos referenciar em nenhuma comparação, e seus complexos de superioridade ou inferioridade. Já estamos validados a nós mesmos, sabendo quem somos; identificados com nossa essência, passamos a buscar algo muito maior do que o encontro consigo. A consciência assume o controle que antes estava sob o poder do ego e, desse modo, abandonamos a sandice de competir com aqueles que devemos cooperar e estabelecer sinergia, para construir algo realmente valioso. Explorar nossa própria companhia representa enorme prazer, pois, ao olhar para dentro, estamos puros e límpidos para cada vez mais tornar o inconsciente consciente. Se nem nós mesmos encontrarmos algo realmente interessante em nossa companhia, quem irá achar? Como iremos nos relacionar de maneira íntegra e aberta com os outros, se assim não somos com nós mesmos? Quando a solidão se torna solitude, somos independentes, e aptos a nos relacionar com o mundo, sermos interdependentes. Compreendemos o precedente e o significado de qualquer sofrimento, o desapego a ilusões e fantasias. A realidade se torna límpida; não há o que temer, pois, conscientes, conseguimos nos dissociar dela, para que ela não nos afogue. Sem estarmos presos na imersão, somos menos afetados pelas suas circunstâncias indesejadas, e o apego à forma é sobreposto pelo conteúdo, permitindo compreender, assim, o sentido das coisas, e magnetizar áureas positivas.

O diálogo contemporâneo se pauta predominantemente por julgamentos moralizadores, em que pessoas se colocam em posição de estabelecer o certo e o errado referente à existência do outro, baseadas em seus próprios padrões. Por trás desse comportamento, há um juízo de valor, logo, de superioridade ou inferioridade; quem subjuga os demais está sob controle de um ego que, no fundo, possui complexo de inferioridade, e necessita sentir-se superior com base em algum precedente ilusório. Julgamentos moralizadores são feitos por quem projeta seus complexos no mundo, fazendo um desserviço ao ambiente. Quando esse complexo é superado, se passa a assumir uma identificação com o universo, e uma existência amplificada, buscando a reunião de ideias livres de julgamentos para, assim, se realizar, de fato, uma interferência sustentável e fraterna no meio. Uma vez que mudanças profundas se movimentam do nosso interior para o exterior, o estado de liberdade passa necessariamente por perceber nosso papel e contribuição para as crises, em vez de passar o tempo todo pescando reforços artificiais, para a autoestima, de que tudo que fazemos é impecável. Inclusive, os indivíduos bajuladores que reproduzem esse reforço positivo estão agindo de maneira falsa e provisória, somente enquanto o bajulado estiver por cima.

7.2. O SORRISO DO DRAGÃO

ivrai-nos dos rótulos, e focai-nos nos objetivos. As lágrimas do dragão são as nossas. Lentamente, acordamos, nos levantamos, e as paredes começam a se rachar, se abrir. A água começa a entrar, e repentinamente começamos a fluir. Pera lá, não há mais preconceitos, pois agora estamos puros e, como água, entremeamos as profundezas, e nos dragões invocamos tanta beleza e imensidão, tanta descoberta. Dentro da concha existe a verdade, um universo oculto em nossos preconceitos; estávamos induzidos a uma mentira. Desnudando estereótipos, agora, existem conceitos baseados em essência e caráter, e sabemos onde estamos pisando. Seguros no caminho, as armadilhas se tornam pequenas, insignificantes. Podemos ir ao encontro dos objetivos em linha reta, como água, sem perder carga energética. Como um vômito, instantes de desconforto. Eliminamos o impuro, o disfuncional que suga nossa energia para digerir, para depois vir o alívio, a vitalidade, a oportunidade de seguir novamente sem cometer os mesmos erros. Eureka!

Mudanças culturais profundas e sistêmicas ocorrem em longo prazo; muitas vezes atravessam séculos. A comunicação e ação sobre temas relevantes que parecem utópicos, por estarem aparentemente além do nosso círculo de influência, por mais que não nos apresentem grandes respostas imediatas, são de alta valia do ponto de vista do lento entremeio e desenvolvimento de uma nova consciência coletiva, que levarão às mudanças culturais futuras. Iniciam-se como semente, no momento presente, no poder do agora, e se expandem com o tempo, ramificando como uma árvore, até formarem um fruto, o ponto de mutação.

236 | ESPÍRITO ORGANIZACIONAL

Talvez estejamos de passagem, mas não insignificantes. O universo segue adiante; somos parte do sistema, um ingrediente potencialmente significante. Como em uma grande mistura, para cada ingrediente que se altera, se transforma o resultado. Não somos o Criador, mas sim o criativo. As leis dos homens são mutáveis, escritas; se todos fôssemos luz, não necessitaríamos delas, nem de Estado, nem de política, nem de controle. As leis dos homens seriam as leis do universo, essas, sim, pura essência. O amor enquanto valor cultural dominante transcenderia qualquer lei.

O espelho de Narciso nos reduz ao estereótipo; o da completude nos abrange mente, alma e espírito. Com ele, obtemos ciência de que o ideal e a perfeição são aspirações, não a realidade. Enquanto fantasiosamente as forjamos como expectativa ou realidade, menor nossa lucidez para realizar os ajustes necessários para nos aproximarmos do estado da arte, que de fato dá significado a uma existência que contribui para a evolução humana. Assim como a transformação, a alegria, o amor e a espontaneidade também demandam coragem, porém, se não formos ao encontro deles, corremos o risco de nos submeter a uma dor legítima da alma, o arrependimento, no final, pelo que deixamos de realizar por falta de autenticidade, por covardia. Em nossa imperfeição reside a elevação da existência; em sabermos o que o outro não sabe, e o outro saber o que não sabemos, gerando assim o grande valor do compartilhamento, o ganho mútuo. Quem não partilha está aprisionado ao egoísmo, fadado ao freio da estagnação, pois dividir é somar, solucionar, perpetuar, logo, evoluir.

Transformação cultural profunda rumo a um ciclo de harmonia e sustentabilidade demanda revisão de valores na mesma relevância. Quem sabe, revolvemos um dia a contracultura, e os indivíduos camelos, subservientes, se tornam fogo, leões e, depois, os leões se tornam luz, novamente crianças, puras e espontâneas, e voltemos ao cume da vida. Sendo luz, em vez de contemplarmos as estrelas, elas o farão, e uma profunda liberdade nos removerá qualquer condicionamento ao espaço e ao tempo, deveras também ilusões.

Nessa hora, sairemos da caverna rumo ao universalismo, não ao separatismo, e faremos a nova revolução humana, a espiritual universal, sem representações, pura essência. A hora é agora. Para tudo existe um processo, e como sabemos, devemos usar o tempo a nosso favor. Sobre o tempo, nosso aliado, o grande mensageiro às vidas que virão ao universo... amanhã, depois de nós!

Fim!

Este livro foi composto pelas tipologias Oswald Bold e Noto Sans Condensed. Impresso pela gráfica Impressul em abril de 2021.